それも含めてハッピーエンドに向かってるから人生は
幸せを引き寄せる
メンタルの処方箋
過眠ちゃん
JN190810
KADOKAWA

はじめに

この本を手に取ってくださったということは、人生や恋愛に何かしら悩みを抱えていらっしゃるのでしょうか。

私は4年前まで、恋愛しか生きる希望のないメンヘラOLでした。ところが、ある日、結婚するとまで思っていた彼にふられ、生きる理由を失いました。

この本は、そんなどん底状態から180度人生を変え、総フォロワー45万人以上のインフルエンサーとして、**数々の夢を叶えるに至るまでの気づきと学びをまとめたものです。**

私は学生時代、趣味もなければ夢もなく、友達も少ない人間でした。

大学に進学し、同級生たちは皆、趣味関連のサークルに属して充実した大学生活を送っているようでしたが、私にはこれといってハマれるものもなく、アルバイトに明け暮れる日々……。

唯一、興味の湧いたダイビングサークルも金銭的な理由で断念。今から思えば、自分が熱中できそうなことを真剣に探そうともしていませんでした。

そんな私の大学時代の記憶といえば、ほとんどがアルバイトと、当時の彼氏との思い出です。

他に何もなかった私にとって、恋愛は何よりも重要なものでした。

友達が少なかろうと趣味がなかろうと、彼氏がいればさほど寂しく感じることもなく過ごせました。彼氏の存在が、当時の私が生きる理由の9割方を占めていたと言っても過言ではありません。

自分の欲求を満たすために恋愛に依存していた

思い返せば、**私は高校生の頃から、「結婚して専業主婦になること」が人生のゴールだと考えていました。**「将来は好きな人に妻として養われながら、子育てに専念するのだ」と息巻いていたのです。

ただ、その本質は「誰かに幸せにしてもらおう」「子どもを育てれば、それが私の生きがいになるかもしれない」という他力本願極まりないものでした。

当時の私は、自分で自分の人生を生きることを諦め、誰かに、何かに、幸せに生かしてもらおうという精神で生きていたのです。

しかし、「結婚して幸せにしてもらうことが夢」とは、つまり**「幸せになれるかどうかは相手次第」**ということ。当時の私は、自分の幸せを他人任せにしていたわけです。

彼氏が私の幸せへのカギなのだから、彼が離れていくかいかないかは私にとっての死活問題であり、常に不安に駆られていました。

彼氏（いずれは結婚相手）がどんな人であるかが私の人生に直結するのだから、自分本位なわがままや要求を押し付けてしまうことも多々ありました。


おまけに、私には彼氏と会うくらいしか楽しみがないが故に、相手の充実した人生を妬み、寂しさを怒りに変えてぶつけてしまうことも……。

今思えば、**私は相手を愛していたのではなく、何もない自分の人生を救うために、恋愛に依存していた**のです。

大好きだった彼にふられ人生のどん底を経験

私の問題点はそれだけではありませんでした。当時の私は自分に自信がなく、強い劣等感を抱えていました。特に私は、昔から対人関係が苦手で、仲良くなれる人が少なく、人望の薄いところを心底コンプレックスに思っていたのです。

当時の私を知る人に「私は自分に自信がなかった」と話すと、驚かれることがあります。それは私が高校時代、軽音楽部でステージに立っていたり、あたかも自信があるような発言や態度を見せたりすることが多かったからです。しかし、それらは全て〝自信のなさ〟の裏返しでした。

自分に自信のない人ほどナルシスト化し、人を見下しがちなもので、私もその類だったのです。元々内気な性格を直したいと思って入った軽音楽部で〝自信がある風武装〟を覚えた私は、本当は劣等感を抱えていることに気づけなくなるほど「自分に自信がある」と思い込んでいました。

しかし、それがハリボテであることは、当時の私の恋愛を見れば一目瞭然です。

自分が人に好かれない、人望が薄い人間であり、それが悪だと思っていたので、誰からも好かれ、人望の厚い異性に強く惹かれました。

当時の彼は、性格も明るくバイタリティーがあり、ポジティブで、周りに人が集まるような、私とは真反対な人でした。

自分に劣等感を抱いていた私にとって、そんな彼こそ自分が目指すべき人物像のように思えたのです。

ところが、最初は魅力に思えていたその違いが、だんだん自分と彼との差に感じるようになりました。

彼は友達が多いのに自分は……。

彼は楽しめる趣味があるのに私にはない……。

彼の尊敬できるところを見るたびに、自分の劣等感がさらにえぐられるような気がして、いつからか「私には彼しかいないのに、彼は私がいなくても平気なんだ」と卑屈に考えるようになっていったのです。


そんな劣等感と嫉妬心は至るところで態度に出るようになりました。彼が友達と遊びに行くのをよく思わなかったり、彼が趣味に没頭していると、へそを曲げた態度を取ってみたり。彼がよく思うはずはありませんでした。

そんなこんなで事は積み重なり、2020年4月、私は彼に別れを告げられました。

大失恋をきっかけに「本当の自分」を取り戻していく

この大失恋をきっかけに、私はやっと自分の抱えていた問題に気づくことができたのです。それまで私は自分に自信があるほうだと思っていたし、結婚するという夢のために恋愛を楽しんでいるだけで何も問題ないと思っていました。

しかし本当は、**自分や自分の人生に不満だらけ**だったのです。

自分が自分の人生を諦めているから、人に期待や依存してばかりで、自信を持てることもなく、人を妬んでいたのだと。

自分の人生から目を背けていることが、知らぬうちに鬱憤となって全ての問題に繋がっていたことに初めて気づきました。

では、なぜ自分の人生を放棄するようになってしまったのか。**その原因は「思い込み」です。**当時の私は様々な価値観にガチガチに固められていました。

例えば「学歴が人を決める」「いい学校に行って、いい企業に就職しないといけない」「危ない挑戦はせず、安定した道を選ぶべきだ」「明るくて人望の厚い人こそ理想的な人間だ」などなど。

私はそれまで本や漫画、アニメなどの作品に触れることも少なく、積極的に交流を広げるタイプでもなかったため、非常に視野の狭い人間でした。

人生のロールモデルといえば身近な友人と家族くらいで、自ずとそれが全てかのように思い込んでいたのです。


加えて、母は勉強に厳しく、何かと人の学歴を気にする人だったこともあり、私も母の価値観をそのまま受け継いでいました。

母は、私が誰と仲良くしているか、誰と付き合っているか、明日何をするか、全てを把握したがる人でした。

幼い頃からそれが当たり前だったため、私もなんの疑問を持つこともなく全てを報告していたのですが、そのせいか私は常に母の評価を気にしていました。

これをやりたいと言ってもきっと母が許さないだろう、少し休みたいけれど母にどう思われるかが怖くて言えない、そんなことが幼い頃から多々ありました。


私はいつの間にか、人生とは、親を筆頭に周りに認めてもらえるように生きるものだと思うようになっていたのです。

何がいいか、何が正しいか、何が成功で、何が幸せか、それらの基準をいつも他人からの評価に任せていました。

「世間的にこれが正しいみたいだから」と他人の価値観で人生の選択をし、「世間的によしとされる人間」と自分とを比べては劣等感に苛まれていたのです。

私は自分の本心に蓋をして、身近な人間や世間から得た、借り物の価値観に沿って生きていたのだということに気づきました。

無難に、安定して、親から反対されないように生きなければと思っていた当時の私の人生に彩りなどありませんでした。退屈で、不本意で、腹の底には他人への嫉妬と劣等感がうずまいているような状態です。

そこから私は、本当の自分を取り戻すため、自分と対話し、少しずつ自分の本心に従って行動するよう心がけてきました。

自身の見直しを徹底して以降、その人生観は180度変わりました。今の私は、心から自分の人生を誇りに思っています。

だからこそ、他人からの評価や人との比較に怯えることもなくなりました。他人を見下す必要も、強がる必要もなく、いいところも未熟なところも含めて、私は私自身を認めることができるようになりました。

それは間違いなく、**「私が、私の考えで、私のために生きるようになったから」**だと断言できます。

「他人軸」ではなく「自分軸」で生きると人生が変わる

今、私は興味のあったＳＮＳや動画という手段を使って、「過去の私と同じような悩みを持つ人たちの気づきになる」という信念のもと生きています。

これは、他の誰かに言われたからではなく、誰かに評価してもらうためでもない、私自身が納得して選んだ生き方です。

人生は、他人に基準を置く「他人軸」で生きていると悩まされることばかりです。それは常に、周囲のご機嫌を伺って生きることになるから。

反対に、**自分軸で生きられるようになると、不思議とほとんどの問題や悩みが気づ**

いたら解決しているというのが私の実体験からの学びです。

本書では、私が実際に自己改革をしてきた中で得た気づきや学びを、余すところなくお伝えしたいと思っています。

私もすぐに、自分のやりたいことが見つかったわけではありません。そもそも自分の本心すらもわからないところからのスタートでした。それは、今まで長年抱えてきた思い込みによって、本来の自分が凍結していたからです。

まずは、その思い込みを解凍することで自分らしさを見つけていくこと。次に、自分の本当に望むことを実践していくこと。このステップによって、誰でも、いつからでも、心から納得のいく人生を歩むことができると私は信じています。

本書では、あらゆるお悩みに対するヒントとともに、実際に自分を変えるためのステップを解説していきます。

どうかそれらが、あなたの心を解きほぐすカギとなることを、そして私の助言などなくとも、自分の力で満足な人生を作っていけるあなたになれることを心から願っています。

CONTENTS

第2章 職場や家族への「しんどい気持ち」をほぐす

第3章 過去を愛し今までの自分を変えていく

第4章 本来の「私らしさ」を取り戻す …… 129

STEP 3

新しい自分を体験しよう 179

装丁　坂川朱音（朱猫堂）
本文デザイン　坂川朱音＋小木曽杏子（朱猫堂）
イラスト　Ｌｉｍａ
ＤＴＰ　アイ・ハブ
校正　ぷれす

第1章

恋愛依存から抜け出す

恋愛を中心に生きるのは人生を諦めたも同然

恋愛依存とは、その名のとおり恋愛に依存して、人生が恋愛中心となってしまうことです。彼との予定が最優先、彼がいないと生きていけない、彼以外のことはどうでもいい、そんな依存状態に陥ると、あなたの心を満たしてくれるエネルギー源が彼だけになってしまいます。

すると、彼に過度な要求をしてしまったり、それが叶わなければ苛立ちを覚えたりと、自分の心を満たすために自分本位な接し方をしてしまいがちです。

では、なぜ恋愛を人生の中心に置いてしまうのか。

一つの原因として考えられるのは、その他の依存先が少ないことでしょう。恋愛に依存しない人というのは、趣味があったり、友達との時間を大切にしていたり、恋人の他にも、自分の人生を豊かにしてくれる何かを持っている人が多いです。

人間は本来、様々なものに依存しながら生きています。仕事、家族、友達、そういったものとバランスよく依存し合いながら、ギブアンドテイクで支え合っているわけです。

しかし、そういった対象が少ない場合、恋愛が唯一の楽しみになってしまうというのは想像に難くないですね。

であれば、趣味や友達が多ければ依存しない、もしくは依存から抜け出せるのでしょうか？

これについては、あながちそうとも限らないというのが私の答えです。実際に私も絶賛恋愛依存どっぷりだった4年前と今を比べても、特段趣味が増えたわけでもないし、友達が増えたわけでもありません。

それでも依存的な思考から抜け出せたのはなぜか。それは「自分の人生を、自分の考えで、目的を持って生きているから」です。

恋愛は、うっかりするとその沼にずぶずぶとハマってしまいそうな魅力ポイントをあまりにも多く持っています。

愛されているという安心感、優越感、それだけの価値がある人間だと認められたかのような感覚。恋人がいれば大概の場合、定期的にデートをすることになりますから孤独に怯えることもありませんし、友達よりも距離の近い、約束された関係を手に入れることができます。

他の誰よりも気を許すことができて、多少のわがままも聞いてくれるかもしれませんし、おまけにそのまま関係が続けば結婚という永久保証までつきます（実際は永久というわけではありませんが）。

そうなれば衣食住や経済面まで、相手にお世話になることができるかもしれません。実際に、結婚相手の力によって自分では到達できなかったレベルの人生を手に入れてしまう人だっているわけです。

もちろん、今述べたようなものを目当てに恋愛をするのはあまりに打算的であり、真の愛とは言えません。

しかし、恋愛に依存する人が意識的に、もしくは無意識的にこのような〝メリット〟のいずれかを求めているケースは非常に多いのです。

恋愛依存者が別れを極度に恐れるのは、実は、付き合っていた相手を愛していたから、その相手に未練があるから、というわけではありません。

恋愛依存者にとって大事なのは「誰かと付き合っている状態」及び「誰かと付き合

うことで得られるメリット（未来に予測されるものも含め）」なのです。

このようなメリットに目がくらんでしまいがちな人ほど恋愛依存になりやすいわけですが、そのような人たちの共通点は自分の人生を諦めてしまっていることです。

まさに過去の私がいい例ですが、特段やりたいこともなければ、生きる目的もなく、努力もしたくない。誰かに幸せにしてもらってなんとか生きていきたい。そんな他力本願な人間にとって、恋愛はあまりにもいい道具になってしまいがちなのです。

求めるものがより心理的なものであっても同様でしょう。

例えば、愛されたい、認められたい、自信が欲しいなど。いわゆる自己肯定感のようなものは自分自身で自らを認め、肯定できない限り、誰かのおかげでそれが補えたとしても一時的なものにすぎません。

相手がいれば精神的に自分を保てたのに、相手がいなくなってしまった途端に自信を失ってしまうようでは、やはり相手に依存しなければいけなくなってしまいます。

恋愛依存とは、愛、自信、自分の存在価値、生きがい、経済力等、本来自分で自分に与えるべきものを他人に期待することであり、それはすなわち自分の人生の舵取りを放棄していることと同じです。

自分にとって重要なものを相手任せにすれば、自ずと相手が自分にとっての重要人物となります。それは、相手を愛しているからではなく、〝自分の欲望を満たすための道具〟として。

そうなれば相手を失ってしまわないかという、強い不安に駆られることになるでしょう。相手を失うことは自分の人生の一部、もしくは全部を失うことと同義だからです。

当然そのような自己都合の恋愛がうまくいくはずはありません。過度に依存せず、健全にお互いを支え合うような、幸せで息の長い恋愛をするためには、まずは自分の人生に責任を持つことが大切なのです。

結婚、子育てに幻想を抱いてはいませんか？

恋愛に依存する人たちの中には、結婚や子育てというものに、並々ならぬ憧れを抱く人もいます。

私の個別相談でも「彼が結婚してくれないんですけど!!　怒」という相談を持ちかけてきた方が何名もいらっしゃいました。彼女たちは決まって「○歳までに結婚したいんです！」「とにかく早く結婚するのが夢で！」と話します。

かくいう私も、恋愛に依存していた当時は同じように話していました。

ところが、そのような方たちに「なぜそんなにも結婚したいんですか？」と聞くと、たいてい気まずそうに黙ってしまいます。「学生の頃からとにかく結婚したいと思っていたので、なんでかなんて考えたこともありませんでした……」という人もいます。

もちろん、結婚したいと思うことが悪なわけではありません。

愛する相手と幸せな家庭を築きたいと思ったり、人生のステップとして結婚や子育てに憧れたりすることは人間として自然なことでしょう。まして女性であれば、出産を見据えて結婚を急ぐ気持ちもわかります。

しかし、恋愛依存状態にある人の結婚願望は、そのようなものとは少しズレていることがいささか多いように感じるのです。

結婚を望む理由は「結婚すれば、自分が相手の1番になったという安心感が手に入るから」「自分の自信になるから」「経済的に安定するから」「世間的に結婚していたほうが格好がつくから」等々、自分の欲望に基づく要素が非常に色濃く、相手のことを想う気持ちは二の次であることが少なくありません。

総じて自己中心的で、双方向的な視点の抜けた結婚願望であることが多いのです。

以前の私は、25歳で絶対に結婚すると豪語していました。

結婚して安定した生活を手に入れることもさることながら、子どもを育てるということに大きな魅力を見出していたのです。

今思うとあまりにも恐ろしいのですが、私は「天才児を育ててやる！」と本気で思っていました。天才児というと大げさかもしれませんが、とにかく自分の子どもをなんらかの〝すごい子〟にしたいと思っていたのです。

当時の私は、学歴至上主義にずぶずぶに染まっていましたから、その私が思うすごい子というのは、ものすごく優秀だったり、いい企業に就職したり、世間からうらやましく思われたりするような子どもをイメージしていたのでしょう。

これも、当然その子のためではありません。**自分が優越感を得るため**です。自分の子どもが立派な人間に育てば、そんな子を育てた私はすごいと、自分を誇りに思えるだろうと本気で信じていたのです。

我ながら、あのまま何かの間違いで親にならなくて、本当によかったと思っています。当時の思考のまま子育てをしていたら、私は毒親になること間違いなしでした。

思い返せば、私の母にもその気がありました。

もちろん、いざ親になったら、子どものためを思っての導きと、親のエゴとを区別するのは非常に難しいのだろうと思います。

私の母が実際どのように考えて私を育てていたかは、直接聞いたわけではないのでわかりません。が、少なくとも私には、母が理想とする子ども像がはっきりとあって、私や兄をそうしようと強く誘導する意志が見て取れました。

母がよしと思わないものは必ず否定されましたし、日ごろからこういう生き方はよくない、こんなことをする人は考えなしだというような思想が透けて見える人でしたので、母の理想に叶わなさそうなものは言い出す前に自ら却下していました。

母の影響でそうなったのか、自らの性格でそうなったのかは定かではありませんが、私は母の思う理想の人生、つまり敷かれたレールを進むだけの操り人形でした。私自身もそうすべきなのだと思っていたのです。

それと同時に、自分の子どもにも、そのようにして当然だと思っていました。

いくら親子であっても、子どもは親の所有物ではありません。親とは別の意志を持った別の人間です。

人生の先輩として子どもを正しく導くことは必要ですが、こうであれと人生像を押し付けたり、私利私欲のために子どもの希望を曲げたりすることは、子どもの自尊心を傷つけ、その子が自らの力で人生を歩む力を弱めます。

当時の私はそんなことにも気づかず、自分の誇りと生きがいを得るために、子どもを利用しようとしていたのです。結婚を望んでいたのもそれが大きな理由だったのではないかと振り返ります。

以上の話はあくまで私個人のケースにすぎません。

しかし、詳細はどうであれ、**結婚や子育てに幻想を抱き、それが恋愛依存を加速さ**

せることは大いにあり得ることです。

交際や結婚は本来、2人の人間が真に愛し合うことによってその状態に至る〝結果〟であり、端《はな》からそれを目的に事を進めようとすると自己中心的になりかねません。

もしあなたが結婚や子育てに対する幻想に取り憑《つ》かれているのなら、それらでもって埋めたくなるほどの穴が心のどこかに開いてはいないか、点検してみるといいかもしれません。

相手に何かを求めるなら、その恋は「買い物」

先にも述べたように、恋愛に依存する人たちにとって、恋人を失うことは最大の恐怖となります。

なぜなら、自分の人生を恋愛及び相手でもって満たそうとしているから、相手がいなくなれば必然的に人生が土台から崩れてしまうからです。

そのような恋愛スタイルの人たちにとっては、相手を愛することよりも、自分に足りない何かを相手から得ることのほうが恋愛の重要な目的なのです。

それをはっきりと自覚している人は少ないかもしれません。自分は本当に相手のことを愛しているとその誰もが信じています。しかし、相手の持つ何かを目的とした恋愛は案外そこら中で行われています。

恋愛において、相手のスペックがよく気にされるのはその証拠でしょう。どこに勤めているか、年収はどのくらいか、容姿はどうか、家柄は、地位は……。昨今の恋愛は、そのような数ある魅力ポイントにおいて、その手持ちカードが多い人間ほど愛され、少なければ愛されないかのように考えられてはいないでしょうか。

だから「愛され力を磨こう！」などといった趣旨の情報商材が人気を集め、皆自分の魅力カードを増やすことに躍起になっているのです。

相手の持つ魅力カードを確認し、それが自分の理想に近ければ相手を好きになる。相手もまた、こちらの魅力カードを確認し、その需要と供給が一致した場合に晴れてカップルとなる。至って自然な恋愛のようにも思えます。

しかし、それは本当に〝相手を愛する態度〟なのでしょうか。

愛に関してはこれまでの歴史の中で、多くの哲学者や偉人たちが見解を述べていますが、少なくとも彼らは愛をそのようには捉えていません。

それどころか、相手の持つ何かや、相手といることで得られるメリットを目的とした恋愛は、買い物にすぎないとまで述べています。

経済力のある男性を手に入れるために容姿を磨く女性、美しい女性を手に入れるために経済力を持つ男性、彼らが無事に結ばれたとして、**それは各々の欲望に基づいて双方の魅力を売買したにすぎず、〝愛〟とは関係ない**のです。

まさに私たちが家電量販店で目当ての家電を選ぶときと同様だと言えるでしょう。

自分が求めている機能を満たしていて初めて、相手に価値が生まれるのです。

ところが、このようなスタンスで恋をする人たちの恋愛は、総じて短命なものとなります。

なぜなら相手の価値の根源となっていた魅力ポイントが万が一失われてしまったら(容姿が衰えたり、財力を失ったり)、途端に相手が価値のないものになってしまうからです。

もしくは、さらに大きな価値を持つ人が現れれば、そちらに乗り換えるかもしれません。人が何を求め、何をよしとするかは時代や個人の経験によって簡単に左右されるのだから、そのようなものを基準とした恋愛は非常に脆いのです。

かつての私も、恋人に求めるものは多々ありました。その中でも、私が最も執着していたのはお金です。

お金がいくらあってもないように感じ、そんな強い不安を覚えることを貧困妄想と言い、鬱病の一種ともされているようですが、私はまさにそれでした。

今思えば、自分で稼ぐことに対する自信が極度に小さかったとも言えます。そのため、誰かと付き合うときは相手の社交性やバイタリティーの有無など気にする要素が多く、要は将来、社会的に成功するかどうかを見極めようとしていたのです。

「自分にはない社会性を持っているところが素敵だと思うから」「お金を稼げるということは、それだけその人に力があるということだから」などと尤もらしい理由をつけていましたが、深層では自分の人生を安定させてくれそうな恋人を求めていました。

恋愛に対するこのような態度は、ありのままの相手を能動的に愛する姿勢とは程遠く、上から目線で相手を評価し、モノのように扱う態度とも言えます。

仮にお金でないとしても、容姿や地位、人脈などの相手の〝持ち物〟、もしくは相手の存在によって満たされる心理的な要素（認められている感覚、愛されている感覚、もしくはそれらを得られる経験）に価値を見出しているのなら、それは愛ではなく欲かもしれません。

私が大失恋し、復縁活動に燃えていた当時、少しの間、とある人に復縁のアドバイスをもらっていた時期がありました。その人は「最初は復縁のためにみんな頑張るけど、最終的に復縁しない道を選ぶ人も多いですよ。もしかしたら過眠さんもそうかもしれませんね」とよく言っていました。

当時の私は「いや！　私は絶対復縁する!!」と言い張っていましたが、その後実際に私も、彼と関係が回復したにもかかわらず、復縁しない道を選びました。

なぜなら、私は彼を愛していたのではなく、自分の欲望を満たすために諸々を求めていただけなのだと気づいたからです。

私に必要なのは復縁ではなく、自らの力で自分の人生を満たすことなのだと知りました。正しく人を愛するには、まずは自分の心を満たす必要があるのです。

私に相談をくださる方々の中にも同じように気づき、自分の人生を充実させることに目標を変える方は多くいます。表層の問題ばかりに囚われず、自分が本当に必要としていることは何かを考えてみることは、解決のためのヒントになるかもしれません。

愛されることより「愛する」ことが重要

「自分を愛していない人は、人を愛せない」。私は大失恋をする前にも、何度かこの言葉を耳にしたことはあったように思いますが、そのときは意味がよく理解できていませんでした。しかし、ここまでの項目を読んでいただいた皆さんになら、なんとなくその理屈がわかるのではないでしょうか。

人を愛するというのは、相手の幸せを願い、相手のためを想い、相手そのものを肯定する態度と言えます。それはむしろ、自分が享受するよりも、相手に与えることを意味します。

昨今、人は「愛される」ことにばかり悩んでいる傾向にあります。自分はなぜ愛されないのか、見た目のせいか、中身のせいか、それらが愛らしくないと愛されない、不平等な世界だと嘆いている人をよく目にします。

しかし、本当は愛されることよりも愛することのほうがよほど重要なのです。自分を愛し、相手を愛する。愛されることはその先にあるのです。

ではどのようにすれば、相手を愛することができるのでしょうか。

その最初のステップこそ、自分を十分に満たすことでしょう。私の愛読書でもある『「愛」するための哲学』（白取春彦　著／河出書房新社）では、「自分を偽らないことこそ、愛する能力を育む」と述べられています。

私の個人的な解釈も交えて解説しますが、自分自身に素直に生きることは、満足に生きることに繋がります。

反対に、過去の私のように、自分の本当の望みから目を背け、世間体ばかりを気にして生きていれば、人生はいつもどこか不本意で、満たされないものとなるでしょう。するとと人間は、そんな自分の人生を補うため、何をするにも誰と関わるにも、打算や世間体のフィルターを挟んで、その価値を測るようになります。

この人と関わることでどんなメリットが得られるか、これをやって意味があるのか、お金の無駄にならないか、常に一歩引いたような態度で、人や物事を評価するようになるのです。

一方、日ごろから自分自身に偽りなく、満足に生きている人にとってはその必要はありません。**自分の本心に従って、行動を選び、望む人生を構築している人は、すでに十分に満たされているから**です。

そのような人は、目の前の人や物事と向き合う際、まっさらな自分で、ありのままの相手と関わることができます。他のどんな要因（打算、遠慮、疑心など）にも邪魔されることなく、フラットに相手と触れ合うことができたとき、相手に対する〝自分なりの価値〟を見出すことができるでしょう。

それは、自分とその相手だからこそ生まれる何かであったり、心動かされるような体験であったり。少なくとも打算や世間的な価値観で評価したような、表面的な価値ではありません。

そのような真の価値を発見したとき、それを能動的に大切にしようとすることで、人は真に相手そのものを愛する能力を身につけるのです。

自分自身を十分に満たすことができず、〝欠けている人〟にとって、恋愛は「相手を所有すること」に成り下がりがちです。

相手のステータスや一緒にいる上でのメリットを密かに採点し、希望に見合わなければ「もっといい人がいないか」と考え始めます。

より自分の希望に近い人が現れれば、気持ちは揺らぎ、天秤にかけ始めるでしょう。〝今欲しているもの〟〝今魅力を感じるもの〟などという、いわばトレンドは簡単に移り変わってしまうものですから、そんな不安定な感情は愛とは呼び難いものです。

それはむしろ、**より理想形に近いものを持っておきたいという所有欲**と言えるのではないでしょうか。

その〝所有物〟に依存していればいるほど、失うことを恐れ、束縛したり、より自分の理想を叶えようと相手に何かを強要してしまったりすることも珍しくありません。そのような態度は、ありのままの相手を尊重したり、与えたりという、愛する態度とは相容れないものです。

豊かな心で真に相手を愛するには、まず自分に対して〝愛する態度〟を実践しなくてはなりません。

自分の考えや気持ちを尊重すること、自分の希望を叶えてあげられるように行動すること、自分に勇気・自信・チャンスを与えてあげるのです。

それらをせずに、自分が不満足な人生を選び、自分自身を否定していたら、相手に与えてあげる余裕など、誰でもなくなってしまいます。だから、自分を愛してあげられない人には人を愛することができないのです。

「愛する」ことで喜びが増えていく

ここまで読んでいただいても、いまいち「愛」というものにピンときていない人もいらっしゃるかもしれません。

相手の容姿や職業、その他のステータス等に魅力を感じるのは自然なことだし、何かを求めるわけでもないのなら、なんのために人は人を愛するのですか？　と思う人たちのために、少し考えたいと思います。

昨今では、生涯を独り身で過ごす人も珍しくなくなってきました。昔と比べて、女性でも男性と同等の経済力を持ち、一人前に生活できる人が増えたでしょうし、情報も行き届く世界になり、人生の選択肢も格段に増えたことでしょう。

それにより、自分の人生を楽しむだけで十分と考える人が増え、むしろわざわざ他人と深く関わるほうが面倒ごとが増える、結婚や子育てに莫大なお金をかけるほどの価値を感じないという人も多くいるのかもしれません。

個人の生き方は各々の自由ですので、多いにかまいませんが、**私は人が人をわざわざ愛する理由は「それ自体が喜びとなるから」ではないか**と思います。

例えば病気を患っていて、五体満足ではない猫を保護することを考えてみてください。病気の治療のため、医療費もかかるし、見た目にも欠陥があるような猫を飼うことをデメリットばかりに感じる人もいるかもしれません。当然、猫が飼い主に何かお礼を施してくれるわけでもありません。

ただ、その飼い主にとっては、その猫がかけがえのない存在であり、甲斐甲斐しく世話をしているというケースは世界中に存在するでしょう。それは飼い主がその猫を通して特別な経験をしているからであり、その飼い主にとっては、その猫を愛することと自体が喜びになっているのです。

『「愛」するための哲学』の著者である白取春彦氏は、これを「真の経験」と称しています。真の経験とは、感情が動き、それを経験した前と後とでは、自分に何かしらの変化が起きているような経験のことです。

例えば旅行をしたときのことを想像してみてください。家族に連れられて、ただなんとなく見て回っただけで、すぐに記憶から消えてしまうような旅行は、その旅行を〝経験した〟とは言えません。

その旅行の中で、何か発見や感動があり、自分に強く影響を与えるような経験をして初めて、その旅行を真に経験したと言えるのです。このように〝真に経験する〟ことは、そこに自分だけの価値や意味を見出す行為とも言えます。

心が揺れ動かされるようなこともなく、ただ表面的に取り組んだ人にとってはなんともない出来事（モノ、人）であっても、その物事を通して真の経験をした人にとっては、それが特別な経験、存在となるのです。

愛の対象は恋人とは限りません。家族や友達、自分自身。生き物に限らず、何か場所やモノ、趣味である場合もあるでしょう。

真の経験とは、そのような世界に溢れるあらゆる物事に自分なりの価値を見出し、それによって喜びを増やす行為なのです。

そのような価値を見出してこそ、その対象を大切にすることが愛の始まりと言えます。それはその対象そのものを肯定し、受け止め、その存在を喜ぶことであり、それを愛すること自体が自分を幸せにしてくれるのです。

他人と深く関わるということは、まして結婚となれば相手と人生を分かち合うようなものですから、楽しいことばかりではありません。

意見がぶつかったり、気持ちがすれちがったりすることもあるでしょうし、それを面倒だ、手間だと感じる人もいるでしょう。

しかし、相手を真に愛している人にとっては、どのようなことであれ、相手と通じ合い、それにより心が揺れ動かされたり、満たされたりすることが自分の幸せを増やしてくれることなのです。

大失恋をした当時の私は、そのような愛を知りませんでした。

恋愛において、白取氏の言うような真の経験を全くしていなかったわけではありませんが、打算や欲望にまみれるあまり、相手そのものの存在を喜ぶような、幸せにしてほしいよりも、むしろ**幸せにしたいと願うような感情を、理解できてはいなかったと思います。**

しかし、それから4年が経った今、私は信念を持って自分の人生を生きていますし、自分で稼ぐ手段もあり、誰かに認めてもらわずとも、自分自身を認められるようになりました。

当時の私の「他人の力で人生を満たそう理論」でいえば、その必要はほとんどなくなってしまったのです。ただ、私は今お付き合いしている相手の存在を、心から喜ばしく思っています。

それは、〝私の人生の舵取りをしてくれるから〟ではなく、お互いに自立した上で、2人でいることがさらなる幸せを生むからだと思うのです。

相手の存在そのものが私にとって喜ばしいものであり、そんな相手と関わることで、私の幸せの幅が増していくように感じます。

人を愛する理由や、価値というのはそのあたりにあるのではないでしょうか。

自分を愛するには、労りをもって行動すること

では、自分を愛するとはどういうことでしょうか？　よく〝心理的に自分を好きになること〟というように解釈されやすいように思います。

だからか、「自分はダメなところばかりなので好きになれません」とか「どうやったら急に自分のことを愛せるようになるのかわかりません」といった声をよく聞きま

す。そんな皆さんに覚えておいてほしいのは「愛とは、感情ではなく行動」だということです。

前項でも述べたように、愛するとは相手を尊重したり、肯定したり、与えたりと、そのほとんどが能動的な行動（態度）として現れるものなのです。人間の感情というのはその場の雰囲気や気分、体調などによって簡単に左右されます。

気分がとてもいいときは、相手のことが大好きでラブラブモードなのに、イラッとすることがあった日は、相手に冷たくしてしまうなんてことはざらにありますよね。「好きだな」と思うのは感情による部分が多いため、そのときのコンディションによって度合いが変化してしまうのです。しかし、愛とは行動ですから、そのような感情とは別に誰でも実践することができます。

例えば、食べること、眠ることなども自分に対する愛です。人間の生活は愛で成り立っています。自分に必要な栄養を摂取し、必要な休息を取ること、そのようにして自分を労ることは、立派な自分への愛からくる行動なのです。

では、そのような自分を愛する行動を、3大欲求レベルからもう少し広げて考えてみるとどうでしょうか。

自分の気持ちを素直に認めてあげること、自分の本当の望みに沿って行動すること、自分を傷つける人や環境から距離を置くこと、このような行動が「自分を愛する」ということです。

もしこれらとは真反対の行動（自分の望みを無視し、辛い環境に留まるなど）を自ら選んでしまったら、**それは自分で自分をいじめているのと同じ**です。心理的に自分のことをどう思っていようと、まずは行動から意識して改めてみてください。

自分を愛する＝自分に優しくするということなら、うっかり堕落してしまうのではないですか？　という質問をたまにいただきますが、それは違います。

自分を愛し、肯定する気持ち、**いわゆる自己肯定感を高めるには、自分への信頼感を高めることが非常に大切**です。自分への信頼感とは「自分なら自分を幸せにしてくれる」「なんとかすることができる」という安心感です。

もし、自分に対してそう思えないほどに自分が怠惰を極めていたら、もしくは自分がありたい自分と違っていたら、そんな自分を肯定するのは、なかなか難しいでしょう。

自分を肯定するためには、「自分はちゃんと頑張っている」という自信も重要なのです。このとき、自分が頑張っているかどうかの判断に他人を持ち出してはいけません。**他人と比べると、永久に自分の評価が周囲に任されることになります。**

上には上がいますから、頂上の見えない山を登り続けるようなことになってしまいます。あくまで、あなたが望むことのために何かしら進めていれば、その望みにちゃんと気づいてあげられていれば、それでいいのです。

ときには、厳しく自分を律することも必要でしょう。

やりたいことや叶えたいことがあっても、誘惑に負けてダラダラしていたら自分への信頼感も下がってしまいます。

このことをよく自己嫌悪などと言いますが、たとえ今日サボることが一時的には自分に優しくすることだとしても、**自分の本望に背くような結果になってしまうのなら、ぐっと堪えて自分の尻を叩くこともまた愛です。**

私もこれまでに何度も忙しくしたりサボったりを繰り返していますが、多少大変でも毎日〝頑張った！〟と思えているときがなんだかんだメンタルの調子がいいことは実証済みです。

ところで、これまでに自分を満たすという表現をよく使いましたが、そう聞くと、もしかしたら完璧な自分にならなければいけないかのように感じる人がいるかもしれません。

けれども、自分が本当に満足するような自分になれるのだろうかと不安に思うことはありません。自分を愛することで目指す先は、**〝ありのままの自分〟をまるっと受け入れ、自信を持って生きること**です。

そのために自分の思いに素直に生きてあげるのです。ただ、もしあなたの「こうなりたい」の中に、少しでも「そうならなくてはいけない」「そうなるべきだ」が含まれているのなら、注意が必要かもしれません。

そのようなニュアンスが含まれている場合、それはあなたの純粋な望みではなく、むしろ「そうじゃない自分はダメなのだ」という自己否定の裏返しかもしれないからです。そのようなものは一度置いておいて、まずは純粋にあなたがワクワクしたり、喜ばしく感じたり、希望を持ってこっちだ！　と思うような道を選んでみてください。

それこそが、誰の目も気にしていない、純粋なあなたの望みです。
そして、その道の先で、あなたが輝けるようになったとき、他のどんな至らないところも不運な過去もまるっと受け入れて、そんな私でもOK！　と思えるときがくるのです。

「復縁したい」、その執着の理由を探る

自分が恋愛に依存していたことに気づきやすいのは、相手を失ったタイミングです。

過去の私と同じように、相手から別れを告げられて初めて、自分が相手をこんなにも必要としていたことに気づいたという人も多いのではないでしょうか。
そして、なんとかして相手との日々を取り戻したい、復縁したいと悩み、私のSNSにたどりついた人もいるかもしれません。復縁を希望する視聴者の方からよくこんなDMが届きます。

元カレと復縁したいんですが、友達には反対されていて、さっさと次を見つけたほうがいいと言われています。それでも彼のことを好きな気持ちが消えません。もう諦

めたほうがいいのでしょうか？

これについて、私の考えをまとめます。

この視聴者さんのお友達のように、そもそも元恋人と復縁したいという発想があまりなく、「一度自分を捨てた人なんかに執着するだけ無駄！　次！　次！」という復縁アンチの人は一定数います。

言っていることはあながち間違いではなく、むしろ正しいケースのほうが多いかもしれません。本当にどうしようもないような人格の元恋人に、なぜか一生すがっては、悲惨な恋愛を繰り返している人も珍しくありません。

実際問題、復縁に躍起になっている人ほど、本当に必要なのは復縁ではなく、恋愛で穴埋めしていた別の何かだったりするのです。


もちろん、本当に相手を愛していたからこそ、復縁を望む場合もあるでしょう。しかし、相手を真に愛する心の余裕のある人ならば、自分の人生にもある程度しっかりとした安定感を持っていることが多いように思います。

誰にとっても別れは辛いものですから、悲しむ気持ちは十分にあるでしょうが、そのような人たちは相手の意志も尊重することができるため、別れも受け止めることができます。

一方、どっぷり恋愛に依存している人たちにとって失恋は、人生終了レベルの絶望的な出来事だったりします。

だからこそ、相手の都合すらも考えられなくなるほどに「どうやったら彼を取り戻せますか⁉」と必死で復縁しようとするのです。

その強い執着心の源泉は、まだ気づいていない別の要因だったりします。とはいえ、すぐにそのあたりにはっきりと気づくことはなかなか難しいでしょう。

周囲はうすうす「あなたの問題の本質が復縁では解決されない」ということに気づいていて、反対してくる場合もあるかもしれません。

それでも自分自身で悩み、考えることには大きな意味があります。仮にそのモチベーションが、最初は〝復縁〟だったとしても、そのためにどうしたらいいのかを考えるうちに、自分の内面についても理解が深まるはずです。

そのときに、それが真の愛なのか、それとも執着なのか、執着なのだとしたら、その原因はなんなのか、次第にわかってきます。

復縁を望むか、別の道を選ぶかはその後で決めればいいのです。「周りが反対するから」という理由で、その恋を諦めたところで、あなたの心は納得しないでしょうし、せっかくの成長の機会を逃してしまいかねません。

たとえ反対されたとしても、あなたが復縁したいと思ううちはとことん悩み苦しんでみることも有意義だと私は思います。そうして得た気づきや学びは、後にあなたの大きな財産となるでしょう。

「くれくれマインド」は恋人を遠ざける

復縁を望む人が最もやりがちなのが、**相手に全力ですがることです。**アピールさえすれば相手が気持ちを変えてくれる、もう一度振り向いてくれると思って、相手への気持ちを語り尽くしたり、反省の弁を述べ倒したりしがちです。

でも残酷なことに、**大概の場合、相手はもうこちらに失望しています。**どれだけ好いてくれていても、変わる決意を示されても、どうせ変わらない、うまくいかない、そう思われているから別れを告げられているのです。

そんな相手の気持ちが唯一変わるきっかけがあるとしたら、それは〝あなたが本当に変わること〟ただ一つ。

別れには様々な原因がありますから、全てにおいて当てはまるとは言えません。しかし、少なくとも私のように、自分に原因があってふられてしまった場合には、自分の成長こそが未来を変えるカギなのです。にもかかわらず、ついつい相手にお願いするようなスタンスで迫ってしまってはいないでしょうか。

復縁は相手に対する執着心が薄れてきたときにうまくいく、なんて話をよく聞きますが、これは何も不思議な話ではありません。

人は誰しも搾取されるのが嫌いなのです。

「これからは変わるから！」「成長していく私を見てほしい！」これらも結局のところは、変わるための努力をするよりも先に、自分が安心したいだけではないでしょうか。

相手が自分のことを見てくれている、復縁してくれるかもしれない、そう思いたいがために相手に要求をしているのです。

そのような独りよがりな欲望はそのまま相手に伝わります。「自分が安心したい、自分を満たしてほしい、自分自分自分」という思いが根底にある〝くれくれマインド〟の人に、人は自然と与えたくないと思ってしまうのです。

どんなにお願いしても人の感情を変えることはできません。しかし、あなたの変化を見て、相手の感情が変わることはあります。そんな未来を引き寄せられる自分になれるかどうかは自分次第であり、〝くれくれマインド〟を卒業できるかどうかが復縁を左右する大きな一歩だと私は思います。

かといって、相手に好意がバレてはいけないわけではありません。

相手に無理に要求するような態度（相手の気持ちを捻じ曲げようとする接し方等）が相手を遠ざけてしまうのであって、**好きバレしていても相手を尊重する接し方ができていれば問題ありません。**

実際に私も、一度私から別れを告げた彼と復縁した経験があります。別れを告げた当時はしつこく長文のメッセージが送られてきたり、何度も何度も話し合いを持ちかけられたりと、私の気持ちを変えたい欲望が透けて見える態度でした。

そのような態度はより相手の警戒心を強めてしまいます。しかし、その後彼は、私にそのような態度を取らなくなりました。

なんだかんだ連絡もしていたし、好意を持ってくれていることもわかっていましたが、無理に迫られることがなくなったことで、私の警戒心も徐々に弱まっていったのです。そうなって初めて、改めて彼のことを見ることができました。

その後無事に復縁したわけですが、そうなったのは、彼が本当に別れる前とは変わったことがわかり、かつ独りよがりではなく、真に私のことを考えてくれていることが行動に現れていたからです。

相手に想いを寄せる中で、〝くれくれマインド〟に支配されず、相手を尊重することにはかなりの強さと余裕がいるでしょう。見返りもなく相手を想うこと、つまりは相手を愛するために、まずは自分で自分を愛することがとても重要だと私は思うのです。

「執着」は無理に捨てようと考えない

2つ前の項目で、「相手への気持ちがあるうちは復縁を目指して頑張ってみてもいい、そうして自分と向き合っているうちに、それが愛なのか執着なのかがわかってくる」と述べました。

では、仮に執着かもしれないとわかったら、それをどうやって捨てるのか。私はそれも、執着を捨てなきゃ捨てなきゃと何かをするのではなく、自分に対する理解を引き続き深める中で、少しずつ捨てていけるものではないかと思います。

執着とはつまり、四六時中そのことで頭がいっぱいで他のことが手につかなかったり、不安や焦りで気分が振り回されてしまったりすることです。このような状態になると、大体いいことは起こりません。

なぜなら、不安に支配されているとき、それは行動になって現れるからです。焦って余計な行動をしてしまい、さらに相手との距離を作ってしまったなんてことにもなりかねません。

執着というのは、常に「こうならなかったらどうしよう……」という不安から生まれるものですから、常にその不安を意識していることで、さらに不安なことを引き寄せてしまうわけです。

とはいえ、いきなりそれをポイッと捨てることはなかなか難しいと思います。そこで考えてみてほしいのは、なぜあなたはその相手に執着する必要があるのか、ということです。

私もふられた当時は執着の塊でした。

かつ、不安をそのまま相手にぶつけるかのように、長文の連絡をしたり鬼電をかけたり、手紙を送ったりと散々追いかけ回したことで、彼からの対応は絶望的なまでに冷めきってしまいました。

まさに私は、**自分の不安をそのまま実行してしまっていた**わけです。

そこまでいってやっと、私は自分がなぜそうなっているのかを考えるようになりました。「彼が戻ってこなかったらどうしよう……」という不安に駆られるということは、彼の存在が私の人生において必要不可欠なわけで、彼がいないとそこに穴が開いてしまうから執着する〝必要〟が生じているのです。

私にとってそれは、〝人生の安定〟でした。

当時の私は、その彼と結婚して、願わくば専業主婦になることが、唯一の生きる道だと思っていました。言ってしまえば安定だけでなく、楽しみや充実感、生きがいまで、全てをその彼との未来に期待していたのです。

今から思うと最低な話ですが、復縁を願っている間、私が何度も思い返していたのは彼のスペックでした。

もちろん、彼との幸せな日々も取り戻したいものでしたが、私は彼の存在を惜しく思うとき、「あんなに人望のある人だったら将来……」とか「大企業にも就職が決まっていたのに……」とか、そんなことばかり思い返していることに気づいたのです。「彼氏のほう、別れて正解だな」なんて思う人がいるかもしれませんね笑。私もそう思います。

私は、自分が彼のスペックや、彼といることで経験できたかもしれない世界に執着しているのだと気づき、同時に、どれほど自分が自分の人生をおろそかにしてきたのかを思い知りました。

自分がなぜ執着する必要があるのか、それを理解することで、自分がどうしたらいいのかが見えてきます。

私の場合であれば、彼で満たそうとしていた人生を、自分の力で切り開いていく必要があるとわかったのです。

そうすることで、**私の心に開いていた穴が少しずつふさがっていき、恋愛で埋めなくていい、つまり執着する〝必要〟がなくなっていきました。**

執着を捨てよう捨てようと、方法もわからないのに考え込んでいては、さらに〝執着している状態〟を強く意識してしまいます。

不安になってもいい、執着していてもいい。でもとりあえず、それは横に置いておいて、引き続き自己理解を深めてみてください。あなたの執着の原因がわかってきたとき、向かうべき方向も見えてくるはずです。

執着心がなくなったら好きじゃないってこと？

でも、好きだから執着するのであって、執着心がなくなったらそれはつまり好きじゃなくなってきたってことなんじゃないの？　と思ったそこのあなた。**その場合、相手を愛しているわけではないのかもしれません。**

先の項目でも述べたように、愛とは本来、相手から何かをもらうことを目的としません。相手の持つ何か（容姿、地位、人脈、職業、家柄等）や、相手といることで自分が得られるかもしれない何かを期待して恋愛をすることは買い物と同じです。

相手に与えたい、相手のためになりたいというギブの精神があってこそ、ギブアンドテイクのバランスよい恋愛が成り立ちます。

一方、執着とは、大概の場合〝不足〟から生まれています。自分にとって欠けている何かを埋め合わせたいから、そのものがないとたまらなく不安になってしまうのではないでしょうか。

もしくは、自分はその相手とでないと幸せになれないと決めつけ、視野が狭くなっている場合もあるかもしれません。

どちらにせよ、自分の不安感、不足感が先行して、相手のことを想う気持ちが二の次になってしまっている状態です。

本来、愛とは相手の存在自体を喜び、相手のためを想うことなのですから、究極のところ付き合っている、いないなどの形式的なものにかかわらず、相手を愛することはできます。相手がこの世に存在している時点で、それを喜ばしく思えるはずですし、相手を愛するために、自分の元に縛り付けておく必要はないのです。

先ほど、私から別れを告げた元カレと復縁したときのことを書きましたが、当時彼は、私のことを愛してくれていたからこそ、私が復縁を決めるまでの間、迫ることもなく待ってくれていたのだろうと思います。

その態度はいつも、自分の望みよりも先に、私のことを考えてくれている態度でした。不思議なもので、**人は愛には愛を返したくなるものです。**彼は先んじて愛したからこそ、復縁を成功させることができたのだと思います。

仮に本当に相手を愛しているのなら、自分の中の不足感がなくなり、執着心が薄れたとしても、そこに「相手のためになりたい、与えたい」という気持ちが残っているはずです。私のように、突き詰めていったら自分に本当に必要なのは復縁ではなかったというパターンも往々にしてありますが、もしそれでも相手のことを想えるのなら、それは真の愛なのでしょう。

ところで、「君を愛しているからこんなに束縛するんだ!」という話をよくメンヘラ界隈で耳にしますが、『「愛」するための哲学』の筆者は、それもきっぱりと否定しています。

「愛とは、相手を尊重し、肯定することであって、自分の勝手な欲望や妄想(心配)に相手を当てはめて、かつそれらが正しいとばかりに相手に要求することは、相手を支配したいだけにすぎない」のだそうです。

まぁ、そこまで崇高な愛を完全に習得することは難しいにしても、愛とは第一に相手のためを想うことであるというスタンスは忘れないようにしたいですね。

愛の有無は「行動」に現れる

私は以前、〝愛してる〟は好きのパワーアップ版だと思っていました。だから彼にふられた当時、私は彼のことを愛していると1ミリの疑いもなく思っていました。

しかしこの世には、相手のことを愛していると言いながら暴力をふるったり、過度な束縛をしたり、酷い場合であれば殺害してしまったなんてニュースもあるくらいです。それは本当に相手を愛していると言えるのでしょうか。

このような歪みが生まれるのは、「好き」と「愛」に明確な差があるからだと思うのです。

先にも述べましたが、好きは感情で、愛は行動に近いものではないかと思います。モノや人を好きだと思う感情は、いわば一方的な矢印です。それを好きだと思うからこそ、そばに置いておきたい、独り占めしたいなどの感情が生まれます。

この気持ちは自分が好んで付き合っている相手に対してであれば、誰しもあるのではないでしょうか。

しかし、そこに必ずしも愛が伴っているとは限りません。相手に暴力をふるったり、過度な制限を課して苦しめているにもかかわらず「それほどまでに愛しているんだ！」と主張することは相手を尊重している行動とは言えないですよね。

好きという感情やそれに伴う欲望は自分から発せられるものであり、その中心にあるのは自分です。

一方、愛の中心にあるのは自分ではなく、むしろ相手ではないでしょうか。相手がどう思うか、相手が幸せかどうか、相手を中心とした世界がそこにあって、それを外側から喜ぶこと、もしくは自分が関わることで相手の世界をよりよくしていくことが愛するということではないかと思うのです。

過去の私の行動は、相手の都合などそっちのけで、自分の満足のいくように、私のしたいようにして！　がベースにありました。

彼が翌日早い時間から予定があるというのに、どうしてもお泊りがしたいと終電まで駄々をこねたりしたのもその例です。

昔、復縁系のYouTube動画をあさっていたときに見かけたもので「相手のできることを頼るのは〝甘える〟、できないことを強いるのは〝わがまま〟」という考え方があるのですが、まさに私はわがままばかりでした。そのような場合、本当は自分が愛したがっているのは相手ではなく、自分なのかもしれません。

自分が相手のことを愛しているのか、それとも愛されたがっているのかは、行動を見ればわかります。「愛」はそれ自体が行動を左右するのですから。

これは相手においても同じことです。口では「愛してる」と言っていても、行動が伴っていないケースはざらにあるでしょう。

その区別がつかない人ほど、「彼は私のことをそれほど愛してくれているんだから」などと言って、相手の単なる支配欲にまんまとハマっては苦しめられてしまうのです。自分の態度においても、相手の態度においても、その点は混同しないほうがいいでしょう。

このようなことを言うと、「私のこのモヤモヤはわがままなんだろうか」「嫉妬しちゃいけないのか」「彼に負担を与えないようにしなくちゃ」と、理想的な愛を追いかけて自分のクビをしめてしまう人が一定数いるように思います。

正直、今述べたような愛の考え方はあくまで原則であって、愛に関する著書の中でも、「自分の気分や体調などによって愛と自我のバランスは変化してしまう」と述べられています。

完璧な状態を維持するのは難しくとも、原則は念頭に置いた上で、自分の機嫌も取りながら相手と向き合ってみるとよいかと思います。

自分と同じもののように愛し、別物として理解する

人がキスをしたり、ハグをしたりするのは、愛における一体化の欲求の現れなのだそうです。

好意のない相手と触れ合ったり、ましてやキスをしたりするのは嫌悪感があるのに対し、愛している相手であればそれがむしろ喜びになるのは、それほどに相手を受け入れているということであり、恋愛は相手と身も心も溶け合う行為だと言えます。

相手の世界観や考え方と混ざり合うことで、世界に新たな彩りが加わるような感覚

こそ、恋愛の幸福感や高揚感をもたらしてくれるのです。

人を愛すると、相手を自分の一部のように大切に思うのは、この一体化の欲求に近いのではないでしょうか。自分を幸せにしたいと思うのと同じように、相手のことも幸せにしたいと思うのです。

しかし、この自分と相手の同一視が偏った方向に進むと、関係をこじらせかねません。相手とうまく関係を築くことができずに悩んでいる人の中には、自分と相手の境界線があいまいになってしまっている人も多いように感じます。

「私ならこうするのに」とか「こうしてくれないなんてきっと私のことが好きじゃないんだ」というような、不満や不安を抱えているなら、自分と相手が事実、別物であるという認識が抜け落ちてしまっているかもしれません。

生育過程において、他者から過度な干渉、管理をされた人ほど、他者との境界線を認識しづらくなる傾向にあります。

例えば、親が過保護であったり、過干渉であったりと、日ごろから子どもの意思決定に過度な介入をしていると、子どもは何をするにも親の顔色を伺い、親の考えに合わせるようになります。

自分には自分の考えがあり、それが尊重されるという感覚が育たず、他人の顔色を伺い、それに合わせるのが当たり前のコミュニケーションだと学習してしまうのです。すると、恋愛関係においても相手にそれを求めるようになります。

相手が自分の考えを汲んでくれないと不満に思ったり、自分の価値観に基づいて相手の考えを決めつけてしまったりしかねません。

私がこう思うのだから、相手もそう思うだろうという勘違いが、2人の関係を難しくしてしまうのです。

どんなに愛しい恋人同士であっても、実際、相手は他人です。自分とは違う環境で育ち、違う考え方を有しています。それを理解した上で、それすらも自分と同じように尊重することが愛なのではないかと私は思います。

もちろん、違いを受け入れられる、尊重できる範囲には限度があります。

お互いの違いがその範疇を越えているのなら、2人は結ばれるべき相性ではないのかもしれません。**そもそも恋愛は、2人が一緒にいるためにお互いがどこまで歩み寄ることができるかが全て**です。どちらかが我慢ばかりしないといけないのなら、それはお互いにとって幸せな恋愛とは言えません。

仮に相手に「ここが嫌だ」と言われてしまった部分を全て変えて復縁できたとしても、それであなたがあなたらしくなくなってしまうのなら、その恋愛はあなたにとってベストではないと思います。恋愛には相性もあるということを忘れず、自分らしさも大切にしてくださいね。

生きがいが人生の支えとなる

恋愛依存を脱するため、趣味探しに必死になる人がいます。それは確かに依存脱出への一歩にはなりますが、それが答えだとも限りません。

なぜなら趣味や友達が増えて気が紛れたからといって、あなたの人生の問題が解決するとは限らないからです。**私の場合、依存的な考えに至っていた大きな要因は、〝自分の人生を放棄していたこと〟**でした。

そんな私が恋愛にすがらなくてもよくなったのは、「生きがい」が見つかったからです。「自分が生きる意味」とも言い換えられます。

なぜ生きるのか、なんて考えるだけ無駄だとする論もあります。ただ、私は「このために生きたい、生きている意味がある」と思えるようなものが非常に大切だと思うのです。それが何もなかったら、それこそ人生は面倒くさすぎるし、私のような元々HPの少ない人間には大変すぎます。

不治の病を患った人たちの生きがいについて考察した書籍『生きがいについて』（神谷美恵子　著／みすず書房）ではこのようにも述べられています。

社会的にどんなに立派にやっているひとでも自己に対して合わせる顔のないひとは、次第に自己と対面することを避けるようになる。（中略）この自己に対するごまかしこそ生きがい感を何よりも損なうものである。

自己に対して合わせる顔がない状態とは、まさに過去の私のように自分の人生を放棄している（もしくは本心を欺いている）状態でしょう。

表面上は上手に生きられている人ですら、自分の本心の奥底から生まれる確固たる〝生きる意味や指針〟を見出せなければ、ふとそのことに気づいたとき、虚無感に苛まれてしまうのです。自分が生きている意味がない、この世に自分は必要がないように感じることほど絶望的なことはありません。

こんな話をすると、「生きる意味なんて、そんな大それたものは私にはない」と思う人がいるかもしれません。でもそんなことはないのです。私だって最初は全く思い浮かびもしませんでした。

そもそも生きがい以前に、やりたいことの一つすら思い当たらなかった人間です。そんな私でも、生きがいを見つけることができたのは、ただただ考えに考え抜き、行動を起こしていったからです。

大失恋をきっかけに、自分の考え方や生き方が原因で恋愛に依存していたことに気づいた私は、人生を充実させるため様々なことに挑戦してみるようになりました。

運転免許を取ったり、ずっと気になっていたダイビングを始めてみたり、一人旅に行ってみたり……。

それらの挑戦は何かしらの発見に繋がったり、視野を広げてくれたりと有意義な経験ではありました。

かといって、それらの挑戦によって、私が私の人生に満足できるような、もしくは、他人にすがらずとも、明日も生きていきたいと強く思えるような感覚は得られませんでした。

その頃から私は、「そもそも私はどう生きていきたいんだろう？」ということを強く強く考えるようになったのです。

「この人生で、何ができたら満足なんだろう？」「何をして生きていけたら幸せなんだろう」そんなことを一日中考える日々が、少なくとも2か月くらいはあったように思います。そして最終的にふっと頭に浮かんだのが「この悩んだ過程や学びを広く伝えて、同じような状況にある人たちの気づきになろう」ということでした。


大げさに思うかもしれませんが、それが思い浮かんだ瞬間は、本当に神のお告げでも聞いたかのように感じました。

全ての納得がいったのと同時に、もし将来本でも出版して、それを読んだ人たちが少しでも救われてくれたら死んでもいいと本気で思ったのです。それから3年、私はずっとこの生きがいでもあり、使命感でもあるものに支えられています。


何をきっかけに生きがいを発見できるかは、予想できるものではありません。それに、「この世を救いたい」みたいな大層なことでなくてもいいのです。

ただ、あなたが心の底から納得でき、そのために生きたいと思えるものであればなんでも問題ありません。
ただ、それを見つけるには、それだけ深く考え、自分と向き合い、いろいろなことを試してみる必要があります。自分を知らず、世界を知らず、何をしたら自分の心が動くのかもわからずに、生きがいなど見つけられるはずがありません。

自分が生きる意味を誰かに与えてもらおうとするのも要注意です。自分なんか必要ない、生きてる意味がないという絶望に駆られたとき、人は他者にすがろうとします。誰かが必要としてくれれば、愛してくれればと他人に望みをかけるようになります。

しかし、自分がこの人を愛すると主体的に決めたものであればまだしも、誰かが必要としてくれるからという受け身の生きがいは、その対象が何かしらの原因でいなくなってしまえば、途端に消え失せます。
あくまで生きがいとは、自分で考え、探し、決意し、生み出してこそ、自分を支える強固な土台となってくれるのです。

最初は、素直に「自分の心が動くこと」から探してみることをおすすめします。好きこそものの上手なれと言いますが「好き、熱中、没頭」これらは人を活力で満たし、喜びとモチベーションを与えてくれるものです。

何かを極めたり、大事を成したりする人たちも、土台にはそのことに対する純粋な熱意を持っています。まずは、それを探してみてください。

私の活動も、〝概念的なことを考えること〟〝動画作り〟という私の好きなことに、〝人のためになりたい〟という希望が合わさったものです。

あなたがワクワクしたり、熱中したり、これをやりたいと思う、その気持ちに素直に人生の歩みを進めていったとき、その先で必ずそんなあなたを求める人たちとも繋がります。自分の生きがいを指針に進んだ先にこそ、他者から必要とされ、生きる意味を感じられる未来が待っているのです。

自分が自分のために、満足に生きること、それは巡り巡って誰かに何かを与えることにも繋がります。

その指針が見つかったとき、そしてそれに沿って生きていけるようになったとき、少なくとも恋人にすがり、エネルギーを奪うような人間ではなくなっているはずです。

第2章

職場や家族への「しんどい気持ち」をほぐす

人を信じられないのは「当たり前」と視点を変えてみる

人を信じられませんという悩みをよく耳にします。そのたびに思うのですが、人間なんぞ信じられなくて当然ではないでしょうか？　笑

当の私も人間不信よりです。しかし、それを特別に問題だと思ったことがありません。だって人は事実、信用なりませんからね。たっぷりの愛情を注いでくれて最高にいい彼氏だと思っていた相手が、実は浮気していたなんて話もあるほどです。

とはいえ、人を信じられないことが原因で、疑心暗鬼になって相手に負担を与えてしまったり、関係を壊してしまったりすることもあります。そうならないためにも人を信じることは重要なスキルです。

ただ、どうやったら相手を信じられるか悩む人たちと、実際に相手を信じられる人たちとでは、そもそも〝信じ方〟が少し違うのではないかと思うのです。

常に相手を疑ってしまい、それを直したいと思っている人の中には、「相手を信じられるようになる」＝「疑いを持つ必要が一切なくなる」かのように考えている人が

多いように感じます。疑いを持たないためには、安心できる証拠が必要です。

彼が他の女性と連絡を取っていないか、裏で怪しいことをしていないか、それらは確かめない限り安心には変わりません。

ところがその証拠というのは、究極どこまでいっても確認しきることはできません。

相手の携帯を見れば全てを知ったと言えるでしょうか？

携帯は限りなくプライベートな情報が詰まっているため、そのように思うかもしれませんが、それは錯覚です。

携帯の中身など削除されているかもしれないし、別の携帯があるかもしれないし、携帯など使わずに何かしているかもしれませんよね。彼の心の中まではどう頑張っても読めません。

もしかしたら他に気になっている異性がいるかもしれません。全てを確かめることは不可能なのだから、疑おうと思えばどこまでも疑えてしまいます。

信じようと思っていても心の奥では「疑いを持たなくて済む状態」を求めているから、いつまで経っても人を信じられないのです。

では、確証もなく「彼はそんなことしないはずよ！」と盲目的に信じるべきなのでしょうか。

いや、それは単なる期待です。**実態はどうかわからないことに対して「そうであってくれ」と勝手な期待を投影しているにすぎません。**そのようなスタンスでいると、仮に相手が自分の思ったとおりでなかったとき、「裏切られた（自分の期待が正義で、相手がそれを欺いたのだ）」と感じるでしょう。

でも本当は、ただ自分には見えていなかった相手の実態が見えただけではないでしょうか。**自分の理想を勝手に真実だと思い込んでいただけなのです。**

そもそもどうして、実際のところ、信用できるかなどわからないのに、人は人を信じるのでしょうか。それはそのほうが合理的だからだと私は思います。

逐一疑っていたら心が休まりません。相手を疑い倒していれば関係は壊れていってしまうでしょう。それでは本末転倒です。だから信じたことにするのです。

しかしそれは、相手が自分の期待どおりであってくれと願うことではありません。真実はどうであれ、**私はこの人を信じることにすると決めること**だと私は思います。

これは相手への期待ではなく、事実がどうかとも関係のない自分の判断であり、決意です。たとえ真実と違ったとしても、今、目の前に見えている相手を素直に受け止め、愛すること。それが〝信じる〟ではないでしょうか。

ただ、それには相応の覚悟と愛が必要です。自分の見立てが甘かったときのことにばかり怯えている人に、この主体的な〝信じる〟はできません。

いつまでも信じるための証拠探しをしていても果てはないのです。大切なのは〝相手の実態にかかわらず〟相手を信じると決める覚悟。

そして、相手の真実がどうであっても揺るがない自分の土台を整えることです。

自分の土台がしっかりとある人ほど、相手を信じる余裕が生まれ、結果的に良好な人間関係を築くことができるのです。

職場や学校など狭い世界で絶望しない

昨今、若年層の自殺が目に見えて増えているように思います。原因は学校でのいじめであったり、家庭環境であったり、ネット上のトラブルであったり……。いずれにせよ何か特定の界隈において極度に絶望してしまった若者が、明日を生きる希望も見つけられず命を絶ってしまうのでしょう。

ただし、私は素直に思うのです「なんでやねん！！！」と。不謹慎だと言われるかもしれません。でも私には、その子たちにはまだまだ、まだまだあらゆる可能性があったようにしか思えず、絶望するには早すぎると思うのです。

当の私も小学校、中学校、塾と、高校入学までの全ての所属コミュニティでいじめを経験するという生粋のいじめられっ子でした。学校に味方はいません。

ハブられたり、無視をされたりするのは当たり前。授業中ですらも大声で私の悪口が飛び交い、私を見てクスクス笑うような連中に怯える毎日でした。

眼鏡を新調した日も、髪を切った日も、みんなに気づかれたらなんて言われるだろうと想像しては怖くなり、なかなか教室に入れませんでした。それでも私は一度も親や先生に相談したことはありませんでした。

むしろ、「学校に行きたくないなんて言ったらママになんて言われるだろうか」それが怖くて言い出せませんでした。学校にも塾にも絶望しながら、心を押し殺して通っていたのです。

そんな小中学生時代を過ごした私ですが、一つだけ幸いなことがありました。それは、謎に忍耐力があったことです。悪く言えば思考停止していたのだと思いますが、なんやかんや耐えながら生き延びることができました。

学生時代というのは決まった年数さえ経てば自動的に環境が変わります。そのおかげで自動的に高校生になり、周りも大人になり、いじめられることはなくなりました。そうなってから私はよく思います。

あのとき、もし私がもっと感受性が強く、もっと自分の未来を憂えていて、絶望してしまっていたら今はなかったかもしれない。たまたま私は生き延びられたからよかったものの、もし途中で絶望していたら今の世界を知ることもなく終わっていたかもしれない、と。

学生時代は特に、学校だけが世界であるかのように思ってしまいがちです。学校でなくとも、自分の今いる環境、今関わっている人、それらが全てだと思わないでください。この世界には、あなたを受け入れてくれる人や環境が必ず存在します。

だからこそ、狭い世界だけを見て、自分の未来を決めつけないでください。こんなことはできない、無理だと諦めないでください。

世界は広すぎるほどに広いのです。

自分の知っている世界を広げれば広げるほど、あらゆる生き方、可能性を発見し、生きるのが楽になっていくと私は思います。

最近はSNSも発達していますから、手軽に様々な人の生き方や経験を知ることができるし、アニメや映画、本などの作品にも触れることができます。

ぜひ、それらを通して「今自分がいる世界の外側」を見るように心がけてみてほしいと思います。**そこには、今のあなたには思いもよらない価値観や可能性が広がっているはずです。**

仮に、今すぐには環境を変えることができなくとも、そんな世界があるということを知っておくだけでも希望になります。

稀に、「アニメや映画の中のことなんて空想の世界だからできることであって現実的じゃない」と言う人もいますが、それらの作品には作者の思想や経験、伝えたいことがにじみ出ています。決して〝夢物語〟だと思わずに、そういった作品からも生き方を学んでみることをおすすめします。

他人を傷つける人の言動を真に受けない

近頃、アンチ、誹謗中傷なんて言葉をよく耳にしますね。

素性を知られずにコメントできるのをいいことに、SNS上で意気揚々と人を叩いている人がわんさかいる世の中です。

そんな人に対して「言われた相手の気持ちがわからないの？」なんて説教をしている人もよく見かけますが、私は思います。「それがわかるような人間が誹謗中傷なんてするわけないでしょう？」と。


人を傷つけたくてしょうがない人というのは、自分自身がどうしようもなく傷ついている人です。

自分が苦しいからこそ、人を苦しめることで自分を慰めているのです。つまり、誹謗中傷をするというのは、その人から発せられた一つのSOSですらあり、その人の心の問題が解決しないことにはどんな説教も伝わりません。

なぜなら、**その人に他人を思いやっている余裕などない**からです。

いじめなどもその典型例と言えます。学校でいじめをしている子ほど、家庭では親にしいたげられていたり、学校以外のどこかで苦しい思いをしていたりします。自分は苦しいのに、耐えているのに、不遇なのに、そういった鬱憤がたまっている人ほど、他人の幸せが許せないのです。

もしそのような人が自分を傷つけてきたとして、真に問題を抱えているのはどちらでしょうか？　そう、相手です。人を傷つける人というのは、まず自分自身に満足できていない人なのです。

だからこそ生まれた**鬱憤を他人にぶつけているにすぎず、それらを真に受けてこちらが気を揉む必要などありません。**

それでもついつい反応してしまうのが人間です。わかってもらおうと説得したり、弁明したり、気を使ったりするにもかかわらず、全く聞き入れてもらえず、こちらが疲弊してしまうなんてこともあるかもしれません。

そんな相手には、「わかってもらおう」と思うことをやめましょう。なぜなら何度も言うとおり、問題を抱えているのは相手だからです。**相手の中の問題が解決しない限り、周りの声は届きません。**

自分の非を認めることは痛みを伴います。ただでさえ苦しみを抱えているのに、自分の過ちに気づいてしまったら多大なダメージを受けてしまいます。

だからこそ、自分を正当化したり、相手を見下したり、責めたりする他ないのです。

相手は変えられずとも、自分の心は扱いようがあります。どうしようもない相手には「この人も何か抱えてるんだろうな。仕方ないな」と哀れみの視点を持つことも生きるコツだと私は思います。

一方、問題なのは自分にその節がある場合です。過去の私はそうでした。誹謗中傷はしないまでも人の成功を妬んでしまったり、内心、人を見下してナルシシズムに浸ったりするような人間だったのです。

もし、あなたにも心当たりがあるのなら、何か不満を抱えているのかもしれません。自分が本当に生きたい自分を生きられているかチェックしてみることをおすすめします。しかし、先ほども述べたとおり、自分の弱みを認めることは痛みを伴います。

私も、本当は自分に自信がないこと、人生を諦めてきたこと、胸を張れるようなものがないことを素直に認めるまでには時間がかかりました。

結婚を考えていた彼にふられるという大打撃を受けたからこそ、プライドを捨てることができたと言っても過言ではありません。

それまでの私は、本当に心の底から「私は自信がある。頭もいいし、優秀だ」などと信じていたのですから。人を見下すことにも正当性すら感じていました。本当はコンプレックスを裏返しただけの虚勢であることにも気づかずに。

もし、あなたにもそのようなところがあるのなら、少しずつ鎧を脱いで、自分自身と対話してみると発見があるかもしれません。

人と自分を比べず相手を「同志」と捉える

他人と自分を比べて落ち込んでしまう。自分より何かができたり、自分より若いのに結果を出したりしている人を見ると劣等感を覚えてしまう。今度はそんなお悩みについて話したいと思います。

当の私も同じことで悩んだ時期があります。2022〜2023年あたり、私は縁あって、インフルエンサーが集まる場に参加する機会が多くありました。

職業柄、再生数、フォロワー数等、数字はつきものです。当時の私は、その数字がその人の格を表すかのように感じていました。

もちろん、それらは当人の努力の結果でもありますから、同業者としてフォロワー数が多い人をリスペクトするのは自然なことです。

しかし私は、なんだか自分が人間として格下であるかのような劣等感を覚えて、過度に萎縮してしまうことが多々ありました。


そんなときに私の考え方を変えてくれた言葉があります。

それは「人間は、皆が一本軸の上を進んでいるのではない。平面上を、それぞれがそれぞれの方向に進んでいるだけだ」というものです。

人はついつい何か一つの要素において、人と比較してしまいがちです。あの人のほうが成績がいいとか、あの人のほうが若いのにとか、あの人のほうがフォロワーが多いとか……。すると、途端に上下で考えてしまって、相手を上だと思うとビビッてしまったりするわけです。


しかし、人の進む道というのは皆が同じ一本道ではありません。それぞれのペース、それぞれのルートがあります。仮に同じ仕事をしていても、AさんとBさんとでは仕事の仕方、評価されるポイント、仕事内容の変遷も異なるように、人それぞれの道があり、ゴールがあるのです。

仮に他の誰かのほうが進んでいたとしても、あなたの道とは関係ありません。あなたはあなたのペースで、あなたのゴールを目指せばいいのですから。

そう考えると、他の人のことを、自分より上だとか下だとかではなく、それぞれの道を行く同志のように思えます。

上下で考えていると、自分より上だと思う相手に対して劣等感や恐怖心を抱いてしまったり、ときに妬んでしまったりするかもしれません。しかし、そのような比較ではなく、**共に生きる同志だと思うことができれば、相手を素直に尊敬し、教えを乞うこともできる**と思うのです。

そもそも他人との比較で自分を測っているうちは、自分の価値を相対的な評価の中に見出そうとしているのかもしれません。

他人と比べて自分がどこか秀でていれば価値があるし、それが見つからなければ自分は無価値なのだ、といった調子です。周りを見渡して自分の価値を探すのだから、その基準は常に周りと共通の何かになります。

Aさんが持っている技術、それに対して自分のほうができるとかできないとか、それこそフォロワー数や年収などの数字とか。しかし、本来自分の価値というのは絶対的な評価の中に見出すべきものだと私は思います。自分が生きたいと思う人生をしっかりと生きている、それが確固たる自信に繋がると思うのです。

思い返せば、私が今のような考え方系の発信を始める前、本当に発信したい内容があるにもかかわらず、方向転換する勇気が出せずに、関係のないエンタメ系の動画を出していた頃がありました。

私自身が自分のやっていることに自信を持ちきれないが故に、フォロワー数という共通の数字で価値を測ろうとしていたのです。

現在は、自分の発信にも、生き方にも心から納得していますし、だからこそ自信を持っています。私が私の生きたいように生きていること自体が価値であり、誰かと比較して自分の価値を確認する必要などないのです。

他人と同じ軸の上で比較する前に、あなたならではの道をとことん追求してみてください。

「それって本当に悩むこと？」と自分に問いかける

私はよく恋愛や復縁のアドバイスで「自分に目を向けましょうね」という話をします。かつての私のように、自分を全く振り返らず、彼の気持ちを捻じ曲げようとしたって全くうまくいきませんからね。

しかし、そういう話をすると「自分が変わりさえすれば、相手も思いどおりに変わってくれる」と思う人がいるようです。

例えば、こんな相談をいくつも受けたことがあります。

私は彼と付き合って○年になりますが、何度も浮気されています。私が変わらなければと思って、あまり怒らないようにしたり、束縛しないようにしたりと頑張っているのですが、また浮気されてしまいました。私はどう変わったらいいのでしょうか？

私が、自分に目を向けましょうと言っているのは、言い換えれば**「自分にできることの範囲内で考えましょう」**ということです。

相手の気持ちを直接操作することはできなくても、自分のスタンスが変われば、それを受けて相手の感じ方も変わるかもしれないからです。

ところが、先の相談の場合、問題を抱えているのは誰でしょうか？　そう、相手ですよね。

何度も浮気を繰り返す、いわば浮気性という問題を抱えているのは相手であって、それは女性側が直接的にどうにかできるものではありません。

確かに、女性側の変化によって男性側が改心することもあるかもしれません。でも、必ずしもそうとは限らないわけです。むしろ、女性側の問題は、変わる気配のない相手にこだわっていることではないでしょうか。

女性側にできることは、そんな相手の問題すらも受け入れて愛するか（おすすめはしない）、相手に見切りをつけるかです。

このように、自分にできることと、自分にはどうしようもないことを混同して考えるとモヤモヤを抱えることになりがちです。他にも、人の決断や選択に対して自分ごとのように気を揉む人がいます。

例えば、子どもが自分の思っていた進路とは別の進路を希望すると激怒する親などがその例です。

「子どものためを思って言っている」「そんな道を選ばせてしまったら大変なことになる」と、まるで相手の選択の責任が全て自分にあるかのように思い詰めて、必死に干渉しようとします。

しかし、子どもの人生は子どものものであり、決断をするのは子ども自身です。当然、その決断の責任も子どもにあります。

親の責務は、その決断をすることでどんな可能性が生じるのか、人生の先輩としてよく説明すること。それでも子どもがその道を選ぶというのなら、子どもの力を信じてやることではないでしょうか。

親子でなくとも、友達の付き合う人や入る部活、そういった他人の決断にいちいち気を揉んで、おせっかいになる人がいるのです。私もそんな相談を何件も受けました。他人は自分の思いどおりにはなりません。

自分はAだと思っていても、相手はBを選ぶこともあります。しかし、それは相手の問題であって、自分の問題ではない。その区別ができないと、事あるごとにイライラしたり、モヤモヤしたりしてしまうのです。

自分と他人の境界線を適切に認識する。これも正しい距離感で人と関係を築く上で大切なスキルです。

今考えていることが、自分でどうにかできる（自分が考えるべき）範囲のことなのか、それとも他人のものなのか、見誤らないようにしてみてください。

あなたの存在価値は後からついてくる

人は、自分はこの世に必要ないのではないか、自分の存在がなんの意味も成していないのではないかと思うと、途端に恐怖や不安を覚えるようです。私が受けた相談の中にも〝存在価値〟に関するものはいくつもありました。

例えば、「友達や彼氏に尽くしに尽くしてしまう」。

「本当は辛いのに、そうやって人のためになっていないと、自分が必要ないと思われてしまうのではないかと怖くなって、つい自己犠牲的になってしまう」とか、「人から好かれることが、自分の存在価値を確かめられる唯一の手段だと思うが故に、常に人の顔色を伺ってしまって苦しい」などといったものです。

両者とも、自分の存在価値を生むことを第一に考えているような印象を受けます。しかし私は、人の存在価値というのは、端からそれを生み出すために何かをするものではなく、**その人がその人自身を大いに全うしたときに、自然と生まれ出てくるもの**ではないかと思うのです。

自分の存在を価値あるものにしようと思ったとき、人の役に立つというのは最も手っ取り早い方法です。

誰しも、自分のためになってくれる人を重宝しますからね。それに、これは人の当たり前の欲求でもあります。人は誰しも、誰かの、社会の、役に立つ自分でありたいと思っているし、私だってそう思うからこの活動をしているわけです。

人の役に立つことは相手のためでもありながら、相手が喜ぶ姿を見て自分が幸せになるという意味では自分のためでもあるのです。

しかし、他者を満たす以前に、自分は満たされているのか。同じように人のためになろうと行動する人でも、自分が満たされているかいないかで大きな違いがあると思います。

例えば私は、まずもってSNSが好きです。動画編集も、哲学的なことを考えるのも好きです。その上で、自分の考えを発信したいと自分で決断し、それが誰かの気づきになっています。

私が私の好きなことを私の判断でやっているというのが前提ですから、私自身も満たされるし、それによって他者にも影響を与えることができます。

ところが、この前提を一切無視し、ただがむしゃらに他者を満たそうとしたらどうなるでしょうか。俗に言う〝都合のいい人〟のできあがりです。自分が嫌なことも我慢して相手に合わせないといけなくなるかもしれません。

相手を優先するがあまり、自分がどんどん削れていってしまうでしょう。そうなると、いずれ人に優しくするエネルギーすら枯渇してしまいます。

大切なのは、まずは自分という土台を安定させることなのです。自分が満たされてこそ、相手に与える余裕が生まれます。

いきなり存在価値を感じてもらおうとするのではなく、まずは自分に適した、自分が満たされるフィールドを探し、そこで自分自身が幸せになること。その土台が安定してくると、不思議と、今度は人に与えたくて仕方なくなったり、もしくは周囲の方から求められるようになったりするのです。

存在価値というのは、あなたがあなた自身を幸せにした後についてくるものである。そのことを忘れずに、まずはあなた自身があなたにとって有意義な存在になってみてください。

親は「支配者」ではないと気づこう

私の元には親子関係についてのお悩みも沢山届きます。親子の問題と聞くと、深刻なものを想像する人も多いかもしれません。

しかし、そのほとんどは暴力だとかネグレクトだとか、そういった明らかな虐待を含むようなものではありません。

傍《はた》から見れば、手厚く、丁寧に育てられた、世間的に見ても恵まれているほうで、経済的に困窮しているわけでもない。**それなのに親がとてつもなくしんどい。**

そんな話ばかりです。親が明らかに〝悪〟であるならば、ある意味、話は楽です。

育児放棄をしたり、暴力をふるったりする親なら明らかに毒親だと思えますし、誰に相談しても大概共感を得られます。

ところが、そうではない、とても熱心に育ててくれた親に対して苦言を呈したら周りはどう言うでしょうか。

「育ててくれたんだから感謝しなよ」「わがままなんじゃないの」「そんな風に言われて親御さんが可哀想」、こんな調子です。

もちろん、感謝はしています。なんなら、一番罪悪感を抱えているのは本人です。それなりにちゃんと育ててくれたのに、こんなことを思うのは親不孝なんじゃないか、自分が薄情なんじゃないか、そんな風に思い詰める人もいます。私もそうでした。

ところが、世の中には手厚く、大切に大切に育てたつもりでも、かえって子どもを苦しめてしまう親がいます。

それが「保護」と「支配」を混同してしまうケースです。以前、高校生からの相談でこんなものがありました。

親が22時以降は出かけるなと言ってきます。友達はみんな遅くまで遊んでいるのに、過保護ですよね？？

これは、あながち過保護とも言い切れないでしょう。まだ高校生ですし。親は子どもを危険から守る責務がありますからね。しかし、こんなケースはどうでしょうか。

一人暮らししたり、誰かと付き合ったりすることを親が許してくれません。何をするにも報告しないといけなくて息苦しいです。もう大人なのに、何をするにも母が許してくれるかを真っ先に考えてしまいます。


これは、子どもが自由に、自分らしく生きていくことを阻害しているといえるのではないでしょうか。**これが保護と支配の違いです。**

このような親は、子を心配するあまりに、そんなことをさせたら危ないかもしれない、人生失敗するかもしれないと過剰に予防線を張ります。

そして、子どもの全てを把握したがったり、子どもに代わって人生の選択をしようとしたりするのです。

その結果、子どもは親が決めたルートの上を否が応でも進むしかなくなります。それは子どもの自尊心、自己信頼感、決断力、行動力、全てを奪い、人生を満足に構築できない大人にしてしまうのです。

かつての私もまさにそうでした。母に悪意があったわけではないでしょう。ただ、心配がすぎるが故に、母と私の適切な境界線がなくなっていたのです。

このような関わり方が、子どもになんらかの悪影響を与えることは学術的にも明らかになっています。

たとえ大切に育ててくれた親であったとしても、それに対する感謝と、関わり方から受けた苦しみは別物ではないでしょうか。

それに対して過度に自分を責める必要はないと思うのです。もし、親の関わり方が支配的に感じるのなら、自分のために、そして親にも〝理想的な子育て〟という執着を捨ててもらうために、人として適切な一線を引く努力をしてみるとよいかと思います。

悩ましい親と距離を置いたり和解したりする方法

実際に親との関係に苦しんでいる、言いたいことがあるけれど言えずに悩んでいる、そんな人へ。参考程度に私と母がどのように和解したのかについて、少しお話ししておこうと思います。

親子の問題が解決できるかどうかは、親が話の通じる人か否かによるでしょう。幸い私の母親は話の理解できる人ではありました。

そのため私は、母からの管理干渉が辛い、母に言われたことが私の心の深い傷になっている、母からの評価を気にして生きていることを自覚した段階で、直談判を行いました。

というのも、ちょうどそのようなことに悩んでいた当時、私は就職し、とっくに成人しているにもかかわらず、相変わらず母の管理は細部にまで及んでいました。私が出かけるとなれば、誰と、何時に、どこまで行くのか、母がその相手を知らなければどこで知り合ったどんな人なのか、全て報告する必要があり、私が報告を渋れば「何？　言えないようなことなの？」と迫られる始末。

いよいよ私は気が狂いそうになり、人生で初めて大声を上げて抵抗しました。

私が母にあからさまに歯向かったことなど、それまで一度もありませんでした。思い返せば、**私は俗に言う反抗期のようなものもろくになかった**のです。

友達の話では「中学生くらいの頃に親とよくケンカをした」なんて話も聞きます。しかし私は親と対等に言い合いをしたり、自分の不満を率直に伝えたりしたことなんて一度もありませんでした。せいぜい不機嫌な態度を見せるくらいが精いっぱいでした。反抗期は、自立心が芽生え始めた子どもが、自由にしたい気持ちと親の管理との間でせめぎ合うことによって起こる立派な成長過程だと言われますが、本当にそのとおりなのでしょう。

私も、思春期のうちに正しく自立心を手に入れ、それを主張していれば、私と母の関係はもう少し対等になっていたかもしれません。母も、いい具合に子離れができていたかもしれません。

ところがどっこい、その過程を適切にたどれなかった私は、22歳で初めて思いっきり反抗しました。母も驚いた様子で、この状態では冷静に話ができないと思った私は、自室に戻り、手紙を書きました。

今まで不満に感じていたけれど何一つ言えなかったこと、私が傷ついた母からの言葉や態度、私が母の考えに縛られていること、そして、これからは自由にさせてほしいという思い、それらの全てを綴った手紙を母の前で震えながら読みました。

これが私と母の関係の転機です。

もちろん、すぐに全てが解決したわけではありません。母もすぐには受け入れられなかったのでしょう。自由宣言後、めまぐるしく人生を変えていく私についていけない様子で、鬱気味になったり、「私は子育てに失敗したんだわ」などと、私の前で嘆いたり、なかなかな時期もありました。

しかし、私は自分が学びを得ると同時に、母にもそれを共有していたためか、母自身も次第に考え方を変えていきました。

今では私の活動も応援してくれています。**母にとっても、私と一緒に自分を見つめ直すきっかけになったのかもしれません。**

このような感じで、私と母は絶縁することもなくうまいこと和解することができました。

しかし、様々な人の相談を聞く限りでは、そのような話し合いすら通じない親であるケースも見受けられます。

どんなに思いを伝えようと、聞く耳を持たなかったり、むしろこちらが悪者であるかのように批難したりする親もいます。そのような場合は、心理的に（可能であるなら物理的に）、距離を置いたほうがいいでしょう。

仮に、金銭面や年齢的な問題で家を出ることが難しかったとしても、心の中で一線を引き、あなた自身の思いや希望までもが打ち砕かれることがないように、自分だけは自分に肯定的でいてください。

そしていつか、チャンスが来たときには、自分の心に素直に生きるビジョンを持っておくこと、それを忘れてはなりません。

家族は愛憎入り乱れるものだと割り切る

家族絡みのお悩みの中には、こんなものもよく耳にします。

私は親が過干渉で、その影響で考え方が歪んだのではないかと思う部分が多々あります。しかし、虐待を受けたわけでもなく、ここまで育ててくれた恩があるのに、親に対してマイナスな感情を抱いてしまうことに罪悪感を覚えてしまいます。自分の弱さを認められないが故に、親のせいにしているだけなのでしょうか？

私の親は毒親で、昔から酷いことをされたり、言われたりしてきました。それなのに、親のことを好きだと思ってしまう自分がいます。未だに親の機嫌を伺ったり、親に好かれようと行動してしまったりする自分が、洗脳されているかのようで気持ち悪いです。

このように、親に対するマイナスな気持ちとプラスな気持ちが混ざり合って苦しんでいるケースをよく見ます。育ててくれた親に対して憎しみを感じてしまう自分は残酷すぎるのではないか、反対に、自分に酷い仕打ちをした親に媚を売る自分は洗脳されているのではないか。

どちらも自分が異常なように感じてしまうのです。

私はこれに関して、愛憎どちらかに決めきる必要はないのではないかと思います。私だって親に感謝しているところは多々ありますし、どちらかというと私は両親及び家族のことが好きです。一緒に出かける予定を立てたり、誕生日プレゼントを渡したり、かなり好意的に思っています。

が、これまでにも書いたとおり、母親に対して苦言を呈したくなるようなことも多々ありました。未だに過干渉されて「おい！」と言いたくなることもあります笑。ですが、それはそれ、これはこれです。

私が母の言葉や考え方の影響で傷ついたり、何かを諦めたりしたことがあるのは事実です。しかし、そのような生き方を続けてきたのは私の意志でもありますし、私の怠惰さが原因でもあったでしょう。

自分の責任でもあれば、部分的に母の影響でもあり、それは〝母のせいにしている〟というよりも単なる事実です。愛されて育っていても、そういうことはあります。

反対に、どんなに酷い親だったとしても子どもは無条件に親を愛してしまうものなのだろうなとも思います。

私もやたらと親の喜びそうなことを考えてしまうことがあり、たまに「未だに母親のご機嫌を取りたがっているのではないか……？」と思うときもあります笑。でもきっと、そういうものなのです。

感情の整理というのは、そのことに囚われているうちはなかなかできません。大事なのは、今の自分が満足に生き、過去の後悔や苦しみに囚われなくなることです。親に感謝すべき点があるのも事実、親の影響で何かしらの歪みを抱えたのも事実。

それらを理解した上で、これからの自分をどうするか、目を向けるべきはそちらではないでしょうか。

過去を恨む必要がなくなるほどに、自分の人生に満足感を得られるようになってきたとき、酸いも甘いも噛み分けるようになると思うのです。

第3章

過去を愛し
今までの自分を
変えていく

トラウマを大事に取っておいているのは自分

「自分を変えたい」、そう思ったならまず目を向けるべきは、過去のあれこれです。今の自分は過去の様々な経験の結果、できあがっています。そんな今の自分に手を加えるには、**自分をよく理解する必要があり、そのためには過去の振り返りが大切**です。

中でも長い間、心を囚われてしまいやすいもの、それがマイナスの経験、感情です。親から十分に愛してもらえなかった悲しみ、過去にいじめを受けたときの恐怖心、人から裏切られたときの絶望感。そういったものは、べっとりと心にこびりついて、その人のその後までもを大きく左右してしまいます。

また同じことになるのではないか、もうあのときの感情を味わいたくない、そう思えば思うほど、心が縛られて身動きが取れなくなってしまうのです。

過去にそのような頑固な執着がある場合は、まずはそれらを清算することに集中してみましょう。

悲しみや怒りは、清算しない限り何度でも蒸し返されます。あなた自身が受け止めきれていない、赦しきれていないことに、どんなに蓋をしたとしても、その傷は消えてはいないのです。

この過去と向き合う作業はとても心の体力を要します。もし、思い返すだけで自傷行為に走ってしまうとか、精神を保てないほどに深刻な場合は、正式に医療機関等のサポートを受ける必要があるかもしれません。

ただ、そこまでではないのであれば、心につかえている出来事について、自身で振り返り、当時の自分の話を改めて聞いてあげてください。今の自分が、あのときの自分を慰めてあげる感覚で。その最中で出てきた感情は全て出し切りましょう。決して蓋をしないように。当時の屈辱をしっかりと受け止めきって、これからは変わってあげるからねと励ましてあげてください。

これは、過去の出来事と改めて向き合うことで〝その認識を書き換える作業〟でもあります。その出来事について、変に執着を強めるような解釈をしてしまっていないか、どう考えればその出来事を楽に受け止めることができるのか、じっくり時間をかけて考えてみましょう。

例えば、私は過去、中学校で受けたいじめの経験にとてつもなく縛られていました。自分の未熟さを感じたとき、人とうまく接することができなかったとき、何度いじめのことを思い返したかわかりません。

特に就活のときは、自分の自信のなさがあらゆる場面で露呈し、そのたびに「あのときいじめを受けていなければ」と過去を呪いました。そんな頑固すぎるほどの呪縛となっていたいじめの記憶ですが、どうやったらそれを乗り越えられるのか毎日毎晩思考を巡らせていたとき、偶然1本の動画と出あいました。

それは名前も知らないシンガーソングライターが自作の歌を歌っているショート動画でした。

当時、自ら命を絶つ有名人が続出し、誹謗中傷問題が注目され始めた頃。「指1本で人を殺せる時代になった」そんなことを嘆く内容の歌詞でした。それを聞いたとき、私の中で何かスイッチが切り替わったような感覚がありました。

――そうだ。私はいじめっこから言われた言葉を何度も思い返しては傷ついていたけれど、きっと言ったほうはそんなこと覚えてもいなくて、私が自ら、自分を苦しめる言葉を大事に大事に心に留めてしまっていたんだ。

なぜ、自分で自分を苦しめるようなことをしていたんだろう。心に刺されたナイフをずっと大切にそのままにしていたのは私自身じゃないか——。

そう思ったら、スッとナイフが抜けたように心が軽くなりました。あんなに何度も鮮明に思い返していた記憶だったのに、それ以降一度たりとも思い出すことはなくなりました。私自身も正直びっくりです。

これはまさに、「出来事の解釈を変えた」経験でした。どこにその納得できる点があるのか、何がきっかけになるかは予想できません。

しかし、考え続けてこそ、必ずヒントを見つけることができます。どうか諦めないで、じっくり時間をかけて、過去と向き合ってみてください。そうすれば、思いもよらなかった思考の転換で、スッと乗り越えられるときがくるはずです。

過去を振り返るのは後悔で嘆くためじゃない

前項で、過去を振り返ろうという話をしましたが、実はこれに関しては諸説あります。精神科医や心理学者等の中でも考え方が異なるようで、私が読んできた書籍の中にも「過去なんて振り返っても無駄！　考えるのはこれからのことのみ！」と言っているものもありました。

その理由は主に、過去を振り返ることで余計に沈んでしまうことがあるからです。

「あのせいで……このせいで……」と後悔ばかりが募り、「こんな不幸な私はもうダメだ、変われないんだ」と絶望してしまいやすいのだそうです。

きっぱりと言っておきますが、**過去がどんなであれ、生まれや育ちがどうであれ、未来は自分の意志次第でどうとでも変えられます。**

歴史を振り返れば、一度は大借金を背負ったり、家も家族も失ったり、過酷な状況に陥ったところから、強い意志で幸せな人生を叶えた人たちが沢山います。

決して絶望する必要などないことは、その人たちが証明しているのです。程度に差はあれど、私もその一人と言えるでしょう。

とはいえ、過去は変えられません。人生をリセットするわけにもいきません。ではなぜ、過去を振り返るのか。**それは〝自分の成分を理解するため〟です。**

私は、自分が今なぜこのような考え方の人間になっているのか、今のような人生になっているのか、それを過去から紐解いて理解できたほうが楽でした。「あ、この経験がきっかけでこう考えるようになったのか」とか「もしかしたら、あの人のあの発言を気にしていたのかもしれない」とか、自分の思考の原因がわかればわかるほど、現状の自分に納得できました。それと同時に、どこか「じゃあ仕方ないか」とも思えたのです。

例えば、原因もわからずにすこぶる体調が悪かったら怖いですよね。あのとき手を洗わなかったからかなぁとか、人が多いところに行かなければよかったとか、自分を責めるかもしれません。

でもそれがもし、自分のアレルギーが原因だったとわかればどうでしょうか。原因がわかって少しほっとするでしょうし、それなら今後はこれは食べないようにしようなどと対策も立てられます。過去を振り返る行為は、私にとって「自分を診察する」行為でもあったのです。

ここで忘れてはならないのが「なんのために診察しているのか」です。決して、過去を嘆いて絶望するためではありません。「これからの自分を変えるため」です。そのために自己理解を深めようとしていることを忘れてはなりません。見ているのは過去でも、その意識は未来へ向いています。

大事なのは、今の自分をわかった上で「これからはどうしようか」ということです。今の自分の考え方を、今後どう変えていきたいのか。原因がわかれば対処法も見えてくるかもしれません。


よく勘違いされるのですが、原因がわかれば考え方も変わって解決★ではありません。原因がわかろうと、癖づいた考え方は根気強く意識を書き換えていかない限り変わらないでしょう。

原因を理解するのはその書き換え方のヒント（自分がなぜその考え方に固執しているのか、どう言い聞かせれば納得していけるのか）を見つけるためのものにすぎません。

過去を振り返って終わり、原因を知って終わり、ではなく、**今後はどうしていきたいのか、未来の自分に意識を向けることを忘れないでください。**


過去はどんなに悔やんでも変えることはできません。

ただそこから何を学び、何に気づき、未来を変えていくのか、それ次第で辛い過去すらも意味があるものになります。

私のケースも、この本を書いている時点で、過去の全てのネガティブ要素を意味があるものに変えた典型例と言えるかもしれません。全ての出来事は解釈次第。どんな過去でも、必ずあなたの肥やしになるのです。

自分の傷だけを過大視しない

人は皆、自分と人を比べるとき、おかしなフィルターを通して見がちです。人のいいところははっきりと見えるのに、自分のいいところは見えなかったり、自分の心の傷は大きく見えるのに、人の傷は一つも見えなかったり。

私はこんなに不出来なのに、あの子はきっと悩みなんてないんだと外面だけを見て思ったりするものです。

悩むポイントは人それぞれですし、中には本当に悩みゼロのポジティブ人間もいるかもしれません。でも大体は、**何かしらの傷の一つや二つくらい誰でも抱えているの**です。

そうでなければ、「気楽に生きられる人生のコツ何選」だとか、「自己肯定感が上がるほにゃらら」みたいな本が、こんなによく売れる世の中ではありませんよね。

韓国で大ヒットしたエッセイ『私は私のままで生きることにした』（キム・スヒョン著　吉川南　翻訳／ワニブックス）の著者はこれを、「心の傷の遠近法」と表現しています。

自分の心は一番近くにあり、誰よりもよく見えるからこそ、傷も人一倍大きく見えてしまうのです。

他人のことはやたらと輝かしく見えてしまうのだって、自分の未熟さばかりが大きく見えているからで、もしかしたら相手も、こちらを見て同じように思っているかもしれません。

「みんな同じだから我慢しろ」と言いたいのではありません。自分だけがおかしい、苦しいのだと疎外感を覚える必要はないよ、ということです。

世の中にはあなたと同じようなことで悩んでいる人が沢山います。四苦八苦してそれを乗り越えた人もいます。

その人たちがその悩みの解決法をどこかで発信してくれているかもしれません。決して孤独に思う必要はないのです。

日々生きる中で、ふと人と比べて辛くなってしまったとき、自分が劣っているのではないかと思ったとき、この心の傷の遠近法を思い出してみてください。近くにあるからこそ見落としているあなたの素敵な個性が、長所が、必ずあります。

唯一無二のあなたらしさを大切に生きることを、いついかなるときも忘れないでくださいね。

不幸な自分に自惚れない

前項では、「人は皆何かしら傷を抱えているのだから、孤独に思うことはないよ」という話をしました。一方で、この劣等感、疎外感が自分に対する特別視になりかわるケースがあります。

「自分は周りと違う。何かがおかしい」、それはコンプレックスだったはずなのに、いつしか自分の大切なアイデンティティとなって、頑なに守りたくなってしまうのです。

私もまさにそうでした。「周りの人間は単純に前向きに考えられるのかもしれないけれど、私は違う」「私は傷つきやすくて複雑で、それだけ奥ゆかしい人間なのだ」ってな感じで。ネガティブな性格のせいで苦しんでいるはずなのに、それが唯一の自分らしさに思えて、変わることが怖く感じていたときもありました。このような傾向はメンヘラチックな人たちの中にも多く見られます。

〝不幸自慢〟なんて言われたりしますが、私はこんなに不幸で可哀想で、どうしようもない人間なんだ、ということが自分の唯一の存在証明になってしまうのです。

話を聞く限り、とても苦しんでいる様子なのに、いざ助けてあげようとするとするりとかわして、「あぁ私はなんて不幸なんだろう」と、現状の世界に留まろうとする人……、なんとなく想像できるのではないでしょうか。

こうなってしまうと何が厄介かというと、何も吸収できなくなってしまうことです。どんな前向きな言葉に触れようと、自己啓発本を読もうと、「自分は違う、自分にはできない、私はこんなに単純な人間ではない」と突っぱねてしまうのです。

ある意味、それは現状の自分を必死に守ろうとするが故の防衛反応でもあります。

私のところにも、変わりたいと思っているのに変わりたくないと思う自分もいて、どうしたらいいのかわかりませんという悩みがいくつも届きました。

今まで「これが自分だ」と思っていたものが変わってしまったら、果たしてそれは自分なんだろうか。無意識にも、そんな不安が芽生えて、たとえ自分にとってマイナスなものだったとしても、現状の自分を手放したくなくなってしまう。それが人間です。

しかし、**本当に変わりたくば、自分を下手に特別視するのはやめましょう。**

大丈夫。どんな風に考え方が変わっても〝あなたらしさ〟は決して失われません。

考え方というのは、いわばルールのようなものです。

「この出来事はこういう風に捉えよう」とか「こんな風に考えると楽だな」とか、自分がどのように考えるかを定めるガイドラインであり、それは知識や心得という形で蓄積されます。

ただ、その考え方をどのように活用し、どんな行動やキャラクターとなって現れるか、そこには人それぞれの個性が出ます。それは紛れもないあなたらしさであり、あなたがあなたである限り、それを手放すことはできません。どんなに考え方が変わっても、その全てがあなたなのです。

極端なネガティブ思考や、不幸な現状等、あなたが変えたい部分までも、自分のアイデンティティとして握りしめておく必要はないのです。

実際、人間の悩みや病なんて、これまで腐るほど前例があります。その対処法も大体は明らかになっています。

いい意味で、何も特別なことではありません。どんなに不幸な生い立ちであろうが、過敏な感性を持っていようが、生きづらかろうが、よくいる〝人間〟です。

不幸な自分に自惚れず、まっさらな気持ちで新たな考え方を受け入れようとすること。まずはその姿勢が大切ではないかと、私は思います。

当たり前を疑ってみる

私はこれまで、500人以上の相談を聞いてきました。相手の話しぶりを聞いていると、その人の価値観や思考パターンまでもが透けて見えるときがあります。皆、自分の中での〝当たり前〟を持っていて、それを前提として話をされるのですが、私はそれに対して疑問を持つことが多くありました。

「彼は怒るとよく私を殴ったりして……あ、でもそれは私がいけないので当然なんです。それはいいのですが……」とか「〜ということがあったんですが、まぁ男ってみんなこうじゃないですか」とか。

「え、そう？」と思ったり、「いやそれを当たり前に受け入れちゃダメでしょ！」と思ったり。本人が「当たり前」と思っていることが、赤の他人には全く共感できないことだったりするのだということを何度も実感しました。

この、自分の中の当たり前を疑ってみることこそ、新しい自分になる第一歩ではないかと思うのです。

人の価値観というのは、大部分が周囲から借りてきたものです。例えば、家族が皆、高学歴で公務員だったら、「ちゃんと勉強して、安定した職に就いたほうがいいんだ」と思うようになるかもしれません。

一方、両親ともアーティストで、子どもの頃から自由でアグレッシブな大人の姿を見ていたら、「人生は自分のやりたいように楽しむものだ！」と思うかもしれません。

自分が今、〝世の中そういうものだ〟と言わんばかりに思い込んでいる〝当たり前〟なんて、所詮は自分の身の回りの世界が〝たまたまそうだった〟というだけのものかもしれないのです。

ところが、保守的で真面目な人ほど、これらの自分が学んできたルールに基づいて生きようとします。例えば私は、過去こんな〝当たり前〟を持っていました。

- 学歴が人を決める
- 安定した職業、大企業こそ正義
- 成功するかもわからない挑戦をするのは馬鹿
- リスクを取ってはいけない
- 何をするにも、まずは親の許しが必要

これらが当たり前だったのですから、今のようにフリーのインフルエンサーになるなんて、当時の私にとっては考えられないことでした。あのままこの価値観の範疇で考えていたら、それまでどおりの生き方しかできなかったと思います。

しかし、そこで気づいたのです。私が今まで抱えてきたこの価値観なんて、この世の真理でもなんでもなくて、ただ「私がそう思い込んでいるだけ」なんだと。

そこから私は、自分の価値観を片っ端から疑ってみることにしました。

より広い世界を知るために、新しい出会いを増やしてみたり、新しい挑戦をしてみたりしました。そこにはやはり、私が今まで「こうだ」と思い込んでいたものとは全く違う世界が存在していたのです。

それを知っていくにつれ、私の価値観も書き換わっていきました。


人は何かに悩むとき、自分と沢山対話します。「そんなの成功しないよ」「やめておいたほうがいいよ」「こう生きるべきだよ」と、自分の価値観が囁《ささや》いてくるかもしれません。でも、必ずしもそれが正解ではないのです。世の中には真逆の価値観を持って人生を楽しんでいる人だっています。

自分の当たり前に縛られて、こんなの無理に決まってると諦めないで、自分の本当の願いを叶えてあげてください。あなたがあなた自身の素直な声に従って生き始めたとき、それが今日を生きる意味、喜びになるはずです。

変われない自分に必要なのは飛び出す勇気

自分を変えるために、何が一番必要か。私は「勇気」ではないかと思います。これまでお話しした、過去を振り返ろうだったり、等身大の自分を受け入れようだったり、当たり前を疑おうだったり、それら全てには勇気が必要です。

自分を変えるための痛み、恐怖心に負けない勇気。それがないことには、結局今までの自分の世界から飛び出すことはできません。

私の元にはよくこんな声が届きます。


過眠ちゃんの動画を見て変わりたいと思い、過去を振り返ったり、考え方を変えようと意識し始めたりしました。しかし、なかなかうまくいかず、「どうせ私は……」と今までどおりの考え方をしてしまいます。私はもう変われないのでしょうか？


こんな悩みにぶち当たっている人がいるなら、声を大にして言いたいと思います。

「人間、変わらないのが普通だから！！！！！」

はい。誤解のないように言っておきますが、変われないと言っているのではありません。人間は誰しも、本能的に変化を嫌う生き物なのです。

人間の意識には潜在意識と顕在意識の2種類があります。

潜在意識は、いわば無意識と言われる領域で、頭で意識することができません。ここには、これまでの人生から習得してきたあなたの無意識的な考え方が刷り込まれています。顕在意識は自分でも認識できる意識のことです。

実は、人間の意識の90％以上は潜在意識、つまり無意識であり、皆さんが「こうだな、ああだな」と考えて認識できている顕在意識はたったの数％なのです。**そして、潜在意識はなかなか変化しません。なぜなら無意識が自分の身を守っているからです。**

高いところに立つと瞬間的に怖いと感じたり、見たことのないものに不信感を抱いたりするのは、この潜在意識が、自分の身を守るために、意識して考えずともそう感じるよう指令を出してくれているからなのです。**そんな潜在意識にとって、変化とは脅威です。**

今までそれに則って生きてきたルールを簡単に書き換えることは危険だと無意識に思ってしまうわけですね。

だから、顕在意識で「変わりたい」と思っていても、潜在意識が納得してくれない限り、そう簡単に考え方を変えさせてはくれないのです。

というわけなので、すぐに変われなくともなんら不安に思うことはありません。ただ、この意識の仕組みを知った上で、**頑固な潜在意識のハードルを越えるために必要**

なもの、それが勇気です。

仕事を辞めようか、これを始めようか始めないか、今までの考え方を覆すような行動を起こそうとするとき、人は誰でも恐怖心を覚えます。なぜなら、あなたの潜在意識があなたを守ろうとするからです。

しかし、実際のところはやってみなければわかりません。あなたの潜在意識は、それをやってみた先の世界を知りません。データベースにないんです。だから不安なだけなんですよね。

今までの価値観の範囲内にいると、外界が脅威に感じます。しかし、ひとたび勇気を振り絞って外に出てしまえば、その外の価値観のほうが、だんだんとあなたの新しい当たり前になっていくのです。

私が会社を辞め、クリエイターの世界に飛び込むことができたのは、ただただ勇気を振り絞ったからでしかありません。でも、その後、私の潜在意識はみるみるうちに書き換わっていきました。

自分を変えたいと思うなら、**あなたが目指す価値観を持つ人、環境の中に飛び込んでみることをおすすめします。**

未来を予測した気になるのはやめよう

この本を読んでいる人の多くは、いろいろな不安に駆られやすい人なのではないかと思います。それだけ慎重で、よく考える人ということですね。だからこそ行動が起こしづらかったり、つい不本意でも安パイなほうを選んでしまったりすることが多いのではないでしょうか。

私もまさにそのタイプです。先々を予想することで、トラブルに備えることもできますから、慎重なことは悪いことではありません。

しかし、目の前の選択肢を吟味するあまり、〝自分の行動、心持ち〟が最も未来に影響することを忘れてしまうことはないでしょうか。

何か選択に迷ったとき、Aがいいのか、Bがいいのか、あれこれ条件をあげて吟味します。

恋人選びのとき、この人と結婚したほうが経済的に安定か……、いや、でも見た目はあの人のほうがいいから……なんて、考えたことがある人もいるかもしれませんね。

このように予想屋になっているとき、**その選択をした上で自分自身はどう行動するのかという視点が抜け落ちている場合があります。**

ただただ選択肢の持つ条件によって、この先の未来が完全に決定づけられてしまうかのように思うのです。

今、この選択によって未来が決まり、その後は自動的に大体予想したような展開になる、逆に言えばそれ以上のことは起こらない。そのような感覚で考えているからこそ、よりベストな選択をしようと必死になるのではないでしょうか。

しかし、実際はどちらを選んだとしても、全てはあなたの心意気次第です。不安定で難しい仕事を選んでも、あなたが志を見失わず、意欲的に取り組めば大成するかもしれません。反対に、安定した仕事を選んでも、受け身な姿勢でいれば何も変わらず、真の幸せは得られないかもしれません。

未来がどうなるかは、条件が決めるのではなく、あなた自身が決めるのです。

かくいう私も、会社を退職する前は散々悩みました。当時の私はSNSを始めて1か月。TikTokのフォロワーがようやく2万人に達するか？　というくらいの頃です。案件を受けたこともありませんでしたから、収益もありません。

そんな状態で、よく会社を辞めてSNSで生きていくなんて決断できたものだなと自分でも思いますが。


当時の私はとにかく未来だけを見ていました。SNSで自分の学びを発信して、いつか本を出して誰かの気づきになるんだと。とはいえやはり不安もあったわけです。なんせお堅い家庭で育ったものですから、全くフォロワー数が伸びなかったらどうしようとか、お金に困るんじゃないかとか、いろいろ考えました。

しかし、最終的に意を決することができたのは、「今どんなに予想したって、それはせいぜい私が考えられる範囲の想像でしかなくて、本当に未来を決めるのは私の意志と行動だよな」と思ったからです。


もちろん、あらゆる困難にぶつかる可能性があるのは確かです。それでも、私が諦めずに進みさえすればいつだって未来は変わる。

ゲームのように、その選択肢を選んだ瞬間にエンディングが決定してしまうなんてことはないのです。そう思い、私は自分の意志を信じて、会社を辞める選択をしました。

あなたも、もし何かに悩んでいるなら、その選択肢の持つ条件が全てを決めてしまうかのように思う必要はありません。

全てはあなたの意志と行動次第です。最悪、失敗したって、あなたが諦めなければそれは失敗にはなりません。成功するまでのイベントの一つでしかないのです。

始めてもいない未来を予想できる気になるのはやめて、自分の心に聞いてみてください。素直にどちらを望むのか。本当にあなたが望むのなら、その意欲が自ら道を切り開いてくれるはずです。

第4章

本来の「私らしさ」を取り戻す

自分が持っていないものには注目しない

私は以前よく、人の性格を闇の国出身、光の国出身なんて表現の仕方をしていました。月と太陽で例えたりするのもよく聞きますが、それに似ていますね。私は自分を闇の国出身者だと思っています。

どちらかというとベースはネガティブで、内向的で目立とうとするタイプではなく、人の暗い部分に敏感なタイプです。

一方、光の国出身の人というのは、根っから明るく外交的、かつポジティブで人の輪の中心にいるようなタイプです。

最近はMBTIという性格診断なんてものも流行して、あらゆる思考タイプの存在がより具体的に理解されるようになりました（そういえば私もMBTIが流行ってからそれに則って表現することが多かったので、闇の国、光の国という表現は久しくしていませんでしたね）。

さて、こんな風にあらゆる性格タイプが理解されるようになった昨今ですが、それでもなお「自分はこれができないからダメな人間だ」とか「社交的な人になりたくて選んだ仕事がうまくできず、自己否定が止まりません……」といったお悩みをよく聞きます。

自分に厳しく、自己否定癖がある人ほど、決まって自分の持たざるものにばかり注目しているように思うのです。

でも、それだけであなたがダメな人間なのではなく、あなたの管轄外のことをやろうとしているだけではないでしょうか。

人間誰しも向き不向きがあります。あなたにないものもあれば、あなたにはあるものもあります。

それを知るためにも、やたらと自己否定するのではなく、**まずは客観的に自己理解を深めることが大切**だと思うのです。何か自分はダメだと思う部分があるのなら、それはもうあなたという人間がそのことには非対応だというだけです。そこについては、その機能を持ち合わせている人に任せましょう。

あなたが比較的できることはなんでしょうか。上手にできることじゃなくてもかまいません。

自分的に苦なくできることはありませんか。例えばもくもく作業が得意な人もいれば、苦手な人もいます。

変化に富んだ状況が楽しい人もいれば、苦手な人もいます。あなたにはあなたの対応機能があるはずです。

他人にばかり目を向けていると、それと比べて自分の劣っている部分ばかりが気になります。

するとそれを克服しようと思って、自分には向いていないジャンルにあえて飛び込んでしまう人がいます。

もちろん、向上心があるのはいいことですし、そこで自分の成長を楽しみながら目指す先にワクワクできるのなら素晴らしいことです。

ただ、「こうならなきゃ」とか「自分はこれができないからダメなんだ」というような強迫観念に駆られて、あえて苦手な選択をしているのなら、あなたの管轄はそこではないかもしれません。自分がシマウマなのにライオンの群れに飛び込んだら大変なことになります。

でもそれはどっちが悪いとか劣っているとかいう話ではなく、**それぞれに適した世界があるというだけ**なのです。

不向きを受け入れ、向いている部分を伸ばしてこそ、あなたならではの価値を発揮することができ、それがあなたの肯定感と自信に繋がるのではないでしょうか。

物事を楽しめない……凍った心を解凍する方法

「何もやりたいことがありません」「何をやっても楽しいと思えません」。そんな相談をよくいただきます。

わかります。以前の私も似たような状況でした。

当時の私は、毎日生きる中で楽しいと感じることが本当に少ないことに、悩んでいました。

実際はそれなりに友達と遊んだり、彼氏と毎週デートしたり、誕生日などのイベントとなれば特別なことをしてみたりと、楽しいと思う機会は沢山あったはずなのに、**何をしてもあまり心が動きませんでした。**

このような心の凍結は、普段から自分の心に蓋をし続けてきた人が引き起こしやすいのではないかと思っています。

常に誰かの目を気にして、自分の心とは裏腹に周囲に合わせた決断をする。自分の心が動くようなものを見つけても、周りの目を気にして挑戦しない。

このようなことが日常化すると、自分の感情なんてものは必要なくなっていきます。自分がワクワクする、やってみたいと思うことよりも、周りがすすめる、周りからの評価が高いことを選ぶのですから、心が動くこともありません。そうやってだんだんと、心が麻痺していってしまうのです。

このような感情を解凍するためには、リハビリしかありません。

少しでも、興味の湧いたこと、気になったことを実践し、その小さな幸せをじっくりと感じるようにすることで、凍った心を溶かしていくような感覚です。

私も当時、自分の見直しを始めてからしばらく経ち、「結局私はどんな風に生きていきたいんだろう？　この人生で何がやりたいんだろう？」ということに頭を悩ませていました。

しかし、一日中真剣に考えても「寝たい」くらいしか出てこないのです。

そこで私はとりあえず、ほんの1ミリでも興味のあること、もしくは過去にやりたいと思ったことがあることをできる限り実践してみました。ダイビングもその一つです。

たとえ、それが「お風呂でハーゲンダッツを食べる」みたいな些細なことであってもかまいません。

とにかく、自分の心が喜びそうなことをやってみては幸せを感じてみるのです。そうすることで少しずつ心が解凍されていきます。

合わせて意識してみてほしいのは、**無意識の条件付けをせずに考える**ことです。やりたいことを考えるとき、無意識に「お金を稼げることで」とか「実現できそうなことで」とか条件を付けていませんか?

そのような条件付きで考えていると、ほとんどのことは頭が瞬時に却下してしまい、何も出てこなくなってしまいます。

人間の頭で、このくらいはできそう、できなさそうと想定できる範囲なんてたかがしれています。実際には奇跡だって起こるし、人は成長するのですから、できるかどうかなんて今決めつけることではないのです。

ついては、**実現可能かどうかは置いておいて、純粋に心が躍ることを書き出してみてください**（例えば私は、南国に住んでリゾート暮らしがしたいなどと書いていました）。**そして、それらを想像してワクワクしてください。**

これにも、周囲の目や悲観的な現実思考によって凍り付いてしまった純粋な心の動きを取り戻す効果があります。

私は、これらのリハビリによって少しずつ、楽しい、ワクワクするといった感情を覚えるようになり、また今まで自分を縛り付けていた条件を取り払って、自分の心に素直になれるようになっていきました。

時間はかかりますが、焦ることはありません。ゆっくりじっくり向き合って、自分の幸せを見つけてみてください。

体裁のために生きない

幼い子どもというのは素直で偽りがありません。興味があることには夢中になり、嫌なことは拒否し、お世辞も言わなければ遠慮もしません。非現実的なものだとしても気にせずに、自由に夢を語ります。

まだなんの価値観にも染まっていないが故に、目の前のことを自分１００％の感性で受け止めることができるのです。

ところが大人になると、賢く生きることに囚われて自分の心に調整を利かせるようになります。

そんな体裁を気にした生き方は、安全で現実的な反面、人生をとてもつまらないものにしてしまう恐れがあると思うのです。


いつでも本心に従って行動することはときに不利になったり、格好悪く見えたりすることもあります。

内心では反対していても、従っているように見せたり、思ってもいないのに褒めたり、そうやって、のらりくらりと自分を偽りながらうまいことやれる人を世渡り上手というのかもしれません。

ただ、そればかりになってしまうと、体裁は整えど、本質がついてこないのではないかと思います。

前項でも書いたように、周囲の目ばかりを気にして物事を決断していると、次第に感情が凍結していきます。

いつも一歩引いたような目線で人や場面を評価し、最適な立ち回りをする。まるでゲームの画面の前でコマンドを選ぶかのように。

一見、冷静で賢明なようにも思えますが、常に一線を引く考え方をしていて心が動くでしょうか?

この場をうまく収めるためにとか、自分が周りから嫌われないようにとか、そんなことばかりが判断の軸になって、いつもどこか冷めた、味気ない人生になってしまうように思うのです。

稀に、十分人から慕われていて、社会的にも成功しているように見える人が、なんとも言えない虚無感に悩んでいるケースを見ますが、それももしかしたらこれが原因なのかもしれません。

傍から見れば立派に、賢く、上手に生きられていても、本人にとってはその場その場で適した行動を選択しているだけで、そこに本人の感情や野望、情熱といったエモーショナルなものが伴っていないのではないでしょうか。

表面的に取り繕うことなく、ありのままの気持ちで物事に向き合わなければ、心の底から感動したり、影響を受けたりするような経験はできません。

真に心が喜ぶ選択をし続けてこそ、幸せで、満たされた未来に向かっていくことができます。

仮に取り繕ったほうが有利な場面においても、自分を偽らないことは自己信頼感にも繋がるでしょう。表面的に体裁よく生きることよりも、偽りのない自分を大切にして生きてほしいと思います。

他人の意味付けでなく、自分の意味付けで生きよう

〝成功者〟なんて言葉をたまに耳にしますね。皆さんは何が「人生の成功」だと思いますか？　お金をガッポリ稼ぐこと？　世界から賞賛されるような何かを成し遂げること？　人を救うこと？　家族を幸せにすること？　やりたいことをやりきること？

これも答えは人の数だけありそうですね。

成功、幸せ、そういったものの意味付けはその人次第なのです。それなのに、「周

りから失敗したやつだと思われたくない」と、怯えて動けなくなってしまう人も沢山います。

例えば私は、恋愛依存に陥って、結婚するとまで思っていた彼にふられているわけで、これを恋愛に失敗したと捉える人もいるでしょう。

それ以前の人生は我ながら考えなしで、そして臆病で、多くのチャンスを棒に振ってきました。では、私の人生は〝失敗〟だったのでしょうか。私はそうは思っていません。

その過去があったからこそ、今の私がいます。そんな過去を過ごした全てが、今、私の糧となっているのです。

仮に今、私がこういったことを発信していなくても、私にとって全てが重要な軌跡でした。

そう思えるまでに努力をしてきたからこそ過去を認めることができている、とも言えますし、私が私の過去は無駄ではないと意味付けたからこそ、前に進むための努力ができたとも言えます。成功したか失敗したか、立派か立派でないか、すごいかすごくないか、そういったものは全て、その人の解釈次第なのです。

では、その解釈を人に委ねるとどうでしょうか。成功したと思われるような人生を生きなきゃ、すごいと思われるようなことをしなきゃと、常に他人の目を気にして生きることになるでしょう。

ときには、他人の目に怯えて自分の本心に背き、またときには、他人の評価がなければ頑張る気力も湧かず。こうなればあなたの人生の結果は、たまたま周りに居合わせた他人次第ということになってしまいます。

実体験をふまえての体感なのですが、自分の人生の判断軸を周囲に置いているとき、常にどこか自信がなく、満たされない人生になるように思います。

何をするかも周りの反応次第で、それをやってみた結果の評価も周り次第。環境が変われば自分の評価も変わり、確固たる自分というものがない。

そんなときは、それなりに無難に過ごせていても、なんとなく自信が持てず、虚無感を覚えていたような気がします。

一方、判断軸を自分に置き、自分の考えで動き、その結果の評価も自分で決めるようになった今、根本から「これが私なんだ」と自信が持てるようになりました。それは移り変わっていく周囲の環境や、どう思われているのか読み切れない他人に自分の評価を委ねなくなったからだと思うのです。

人は自分の信念に基づいて生きられているときが、最も自己肯定的になることができ、生きがいや揺るぎない自信を得ることができるのだと思います。

そのためには、こんな生き方をしろと言われたからとか、こんな風になったら失敗だとか、他人の意味付けに縛られることなく、それらを自分なりに決定づけていくことが大切だと思うのです。

自分にとっては何が幸せで、何が成功なのか。ひいてはどんな行動を選び、どこを目指していくのか。それらがはっきりしている人は、周囲の意見に揺れ動かされることはないでしょう。

自分の心の声をよく聞き、自分の判断を信じてこそ、確固たる土台を築くことができるのだと私は思います。

自己肯定感とは「自分」への信頼感

自己肯定感とはその名のとおり、自分自身を認め、肯定してあげる態度のことです。

よく、「そのままの自分でＯＫ！」とか「まるっと自分を認めてあげよう！」みたいな自己啓発本を目にします。私もこれ系の本を鵜呑みにして、自己肯定感をひねり上げようとしていた時期がありました。

ところが、自分が望む自分に近づけていないのに、そんなあなたも素晴らしい！と言われてもやはり簡単には納得できないのです。

理想の自分になれていない……とか、全然頑張れていない……などと、自分にうしろめたさを感じる状態では、何を理由に自分を肯定したらいいのかわかりません。

私はよく、やるべきことを後回しにしてしまうのですが、そんなときは自己肯定感が下がるような気がします。

怠惰であったり、不誠実であったり、自分が尊敬できない自分でいるとき、それをも肯定するというのはいささか難しいのです。

自己肯定とは、自分に必要な行動をし（自分を愛し）、満足できる自分になれている、もしくはそれに近づこうと努力できていてこそ、できるものではないでしょうか。

いわば、**「自分は自分のためにしっかり行動してあげられる！」という自分に対する信頼感こそ、自己肯定感になる**と思うのです。

それ故、自己肯定感を高めたくば、多少なまけたいときがあっても自分を律し、また、自分の心の声を無視することなく、自分に誠実に生きることが大切だ。……とは思うのですが、ここで厄介なのが、そもそも誤った方向へ理想を追いかけていると、さらに苦しむことになりかねないということです。

これについては、コンプレックスの裏返しで、自分の持たざる要素を持つ人を理想像としてしまうと、ずっと存在しない道（もしくは極端に険しい道）に向かって走り続けては、全然理想のようになれないと自分を責めることになってしまうのです。

このループにハマると、ますます自分の能力や存在価値等を信じられなくなります。

自分に必要な行動を起こすことは大切です。しかしそのためには、まず適切な道順を知らなければなりません。

自分にないものがあるからといって、安直にそれを持つ人を理想とするのではなく、あなた自身があなたらしさに気づき、自分が輝ける道を見つけること。その先に、自分を誇らしく思える自分像もあると思うのです。

目指す先を間違えたまま、努力しなくてはと思い詰めても、余計クビをしめてしまいます。

まずは、自分自身が自分というものをよく理解してあげること。これもまた愛なのではないでしょうか。

あなただけの能力、特性、そういったものを理解した上で、進むべき方向を見つけ、適切に前に進んでいく。それこそ、あなたという存在の一番の活かし方だと思います。

私自身もこの過程の中で、だんだんと自分の進むべき道が明確になっていき、そこに向かって前進しているという実感が、自分への信頼感となっていったように感じます。

気づけば「自分はこれでいいのだ」と肯定的に思えるようにもなっていました。まずは自分自身が自分と真摯に向き合うこと。自分との信頼関係が大切なのだと私は思います。

第5章

もっと自分が愛おしくなるレッスン

楽しんで自分と向き合うことで変化の糸口が見えてくる

ここまで、様々な考え方のヒントをご紹介してきました。中には自分にピッタリ当てはまるものや、何かの気づきに繋がるものがあったかもしれません。

ただし、これまでに述べたものは全て、私が経験したことにすぎません。

読者の方の中には、この本には書かれていないような悩みを抱えている方もいるかもしれませんし、その原因はなんなのか、どう考え方を変えれば納得できそうか、私にはわかりません。

あなた自身があなたと向き合ってあげなければ、自分を育てるための方法は見つからないのです。

よく、「結局どうしたら変われるのか具体的に教えてください」と言われることがあります。きっと、きっかけ一つでスッと考え方が変わって、問題解決するような手段を求めているのだと思います。

しかし、残念ながらそんな方法はないんです。

これまでにどんな経験をして、それをどう理解して、どんな生き方、考え方を築き上げてきたか、そしてどう考えれば新しい考え方を受け入れられるか。それは人それぞれで、あなたにしかわかりません。

私は変わる方法の探し方はお教えできますが、**具体的にどうしたら変われるかの答えは自分の中から見つけ出してください。**

これから説明するステップを実践しさえすれば、きっとあなただけの答えが見つかるはずです。

ぜひ、楽しんで自分と向き合ってみてほしいと思います。

STEP 1

自己理解を深め、過去を清算する

「一人対談」で自分に目を向ける

まずは、これまでにも再三述べたとおり、自己理解を深めないことには始まりません。まずは、自分の思考回路、そう考えるようになった原因や自分の本当の望み等々、とにかく自分について知ってみましょう。

そのためのとっておきの方法は「ノートで一人対談法」です（今名付けました笑）。まず、ノートを1冊用意します。できるだけ書くときにテンションが上がるようなものを選ぶといいでしょう。私は大学の卒業旅行の際にローマで買った本革のノートがありましたので、それにしました。

このノートを書くときのルールは次のとおり。

- 毎日書かなきゃと思う必要なし（何かに悩んだとき、覚えておきたいことがあったとき、頭の整理をしたいときに書く）
- 綺麗にまとめる必要なし。思いついたままに書き留める
- まるで誰かに話すか、独り言のように、話し言葉で書き連ねる

何かについて考えているとき、少なからず頭の中でしゃべっていると思います。それをそのまま書き出す感覚で文字に起こしてみてください。

勘違いされやすいのですが、ネットで「自己分析」などと調べると、自分の性格の傾向を知るために過去の出来事を100個書き出すとか、小学校、中学校、高校と時代に分けて、重要な出来事を書き出してみるなどというのが出てきますが、私の「一人対談法」においてはそのようなことをする必要はありません。

大体そのように書き出しても「で？」となってしまうことが多いです。あくまで「自分と話す」イメージで、ざっくばらんに書いていきましょう。

実際に、私が書いた1ページ目がこちらです。

2020. 3. 15 su[redacted]n

ローマ工産の趣あるノートに私のいびつな
字を書くのは勇気いるなぁ… 笑
さて、本当は読書ノートにする予定だった
けど早速飽きてしまったので日々の気づきや
幸せだったこと、反省点を書きとめて、自分を
育てていく記録にしようと思う！
その最初の日が今日！ 2020年の3/15！
今日はやっと仮免が届いて嬉しかった！
それと一緒に受けた 友達 にも会えてちょっと
お話できてよかったな。人とのささいな出会いって
ステキだなって思えた。
あとはFANCLの洗顔を買ってみたよ。
まずはお肌から磨いていこう✨
最初だし、自分のアップデートポイントを書いて
おこうかな。まず①肌、髪、体などのケア
をする ②健康的な食事、すいみん、
③体型の維持 ④言葉づかい!!

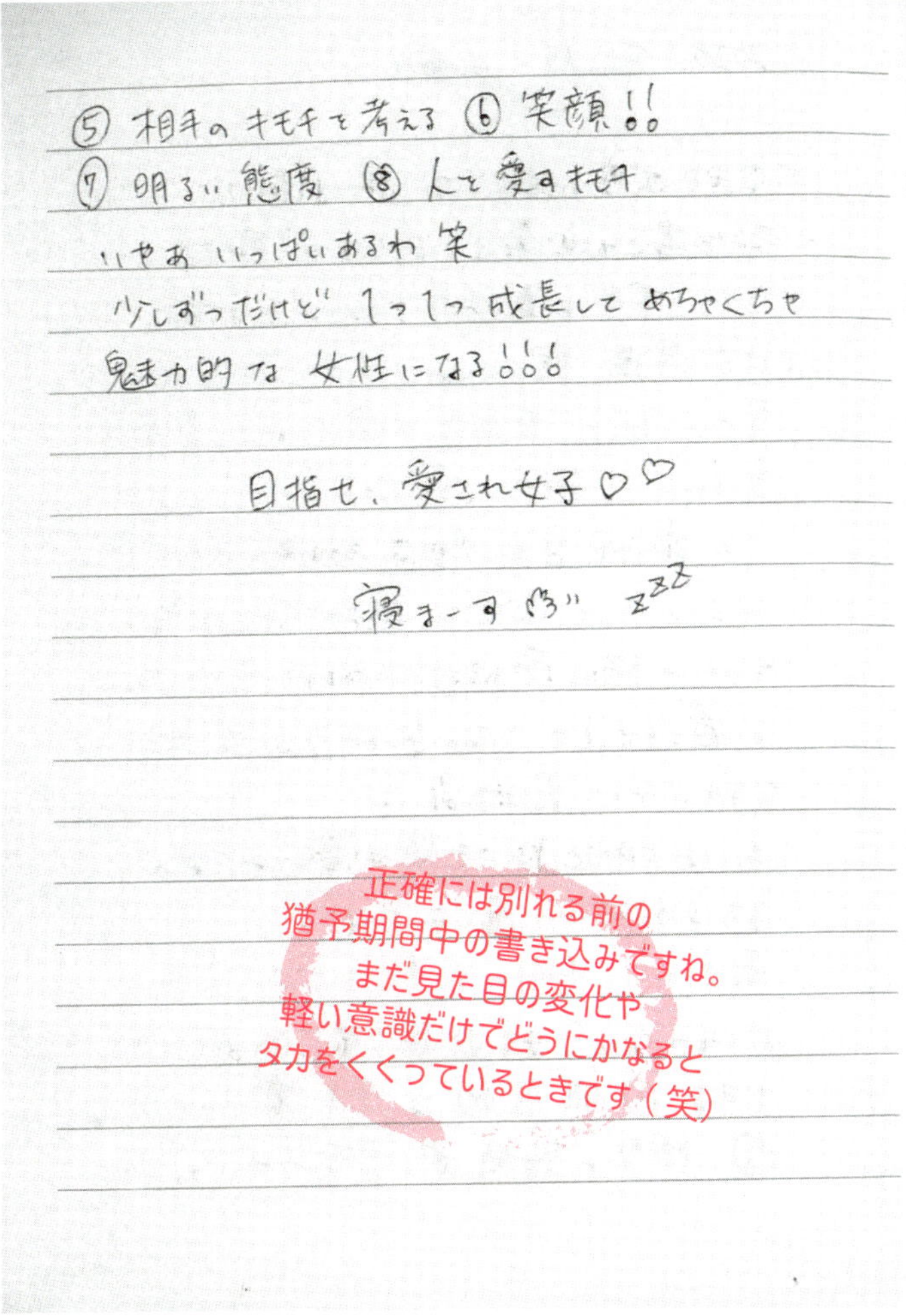
⑤ 相手のキモチを考える ⑥ 笑顔!!
⑦ 明るい態度 ⑧ 人を愛すキモチ
いやあ いっぱいあるわ 笑
少しずつだけど 1つ1つ成長して めちゃくちゃ
魅力的な 女性になる!!!

目指せ、愛され女子♡♡

寝まーす zzz

正確には別れる前の
猶予期間中の書き込みですね。
まだ見た目の変化や
軽い意識だけでどうにかなると
タカをくくっているときです（笑）

この頃はほぼ日記のようになっていますし（別にそれでＯＫですが）、まだまだ考察も浅いですね笑。とりあえず今後意識したいポイントを書いたようです。

なんとびっくり。
初めてノートを書いた3月から7月までは
ろくな自己分析もせずメンヘラしてました＼(^o^)／

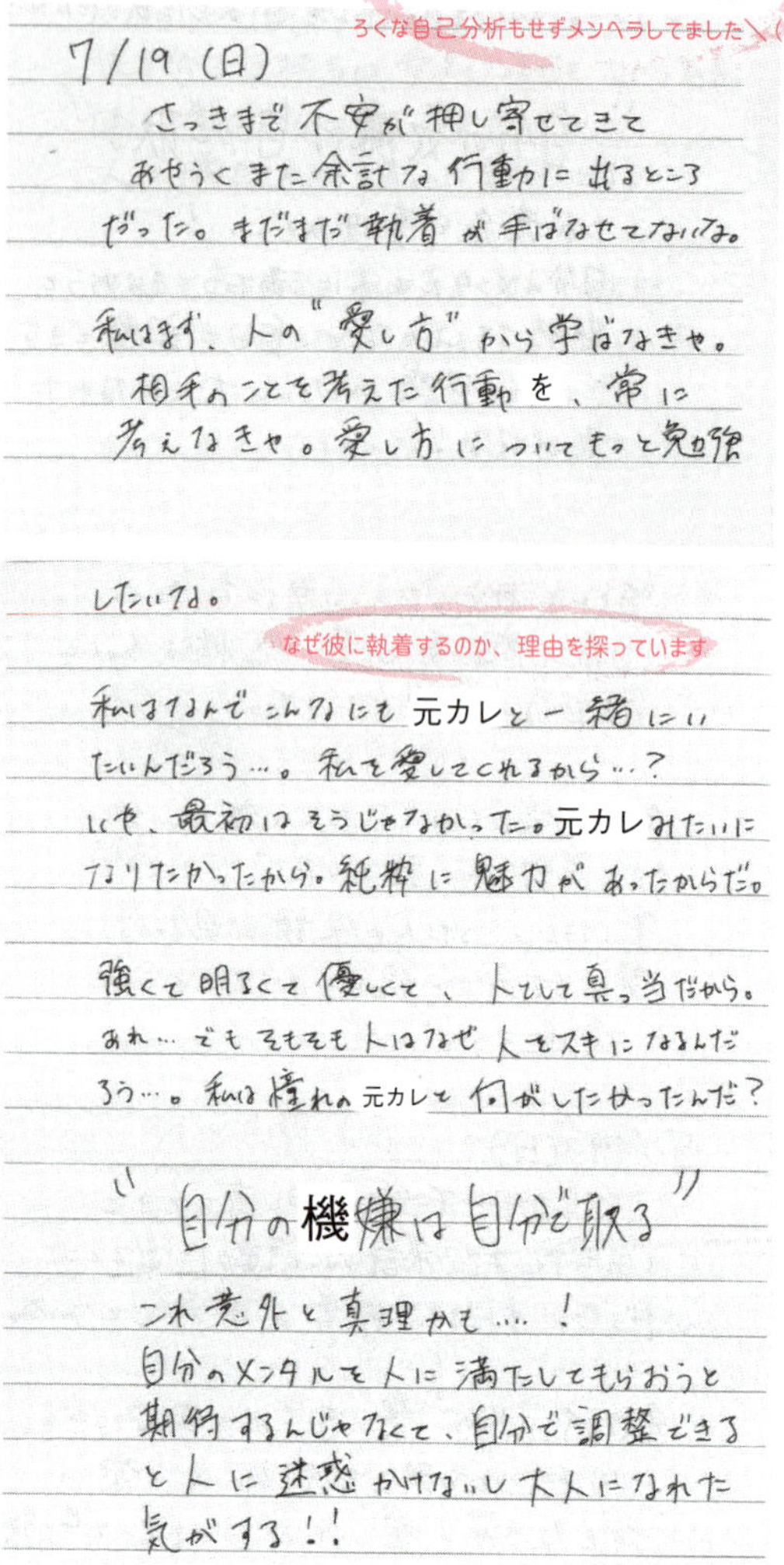
7/19（日）
さっきまで不安が押し寄せてきて
あやうくまた余計な行動に出るところ
だった。まだまだ執着が手ばなせてないな。

私はまず、人の"愛し方"から学ばなきゃ。
相手のことを考えた行動を、常に
考えなきゃ。愛し方についてもっと勉強
したいな。

私はなんでこんなにも元カレと一緒にい
たいんだろう…。私を愛してくれるから…？
いや、最初はそうじゃなかった。元カレみたいに
なりたかったから。純粋に魅力があったからだ。

強くて明るくて優しくて、人として真っ当だから。
あれ…でもそもそもなぜ人はスキになるんだ
ろう…。私は憧れの元カレと何がしたかったんだ？

"自分の機嫌は自分で取る"
これ意外と真理かも…！
自分のメンタルを人に満たしてもらおうと
期待するんじゃなくて、自分で調整できる
と人に迷惑かけないし大人になれた
気がする！！

なぜ彼に執着するのか、理由を探っています

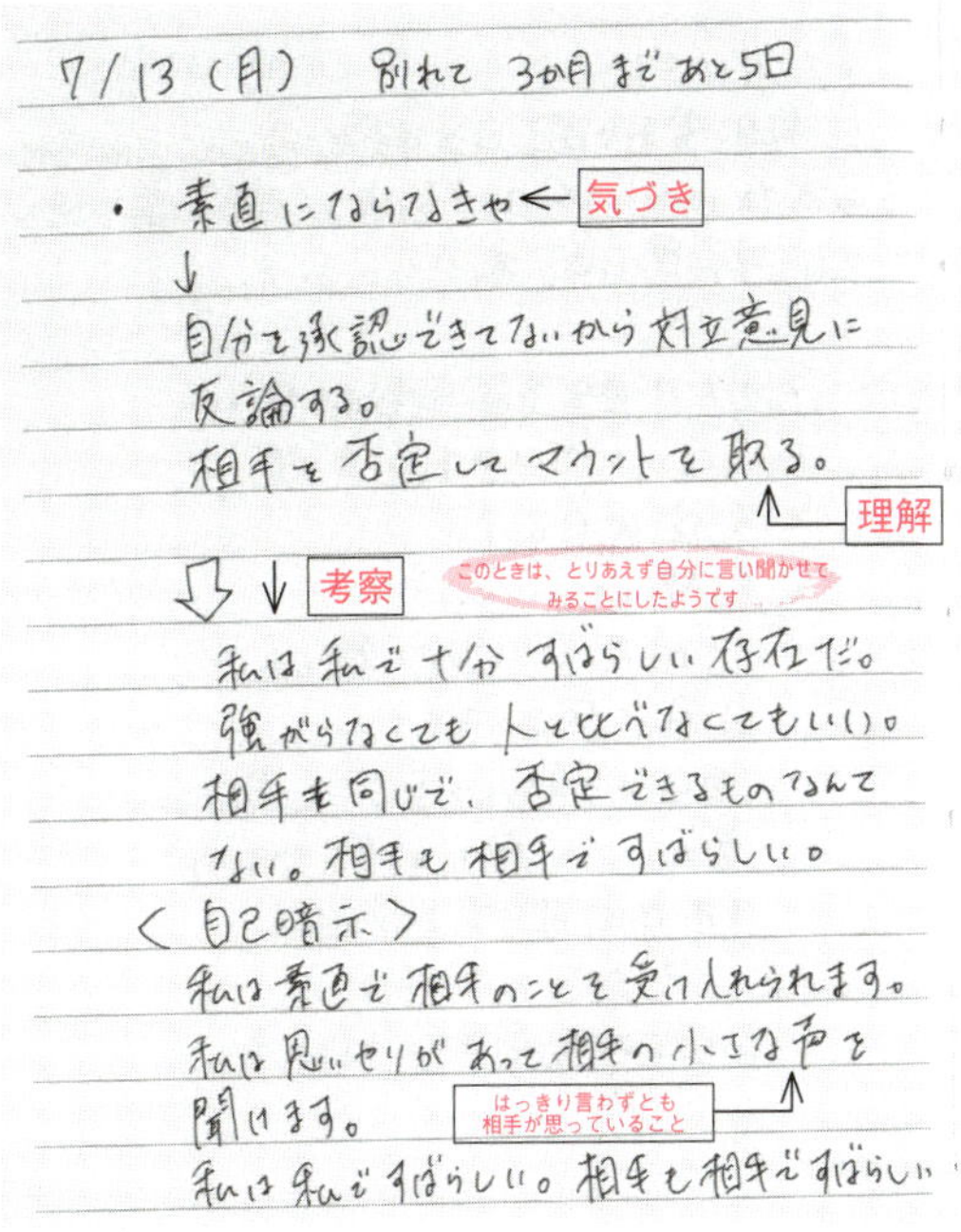

7/13（月）　別れて3か月まであと5日

・素直にならなきゃ ← 気づき

↓

自分を承認できてないから対立意見に反論する。

相手を否定してマウントを取る。

↑ 理解

⇩ ↓ 考察　このときは、とりあえず自分に言い聞かせてみることにしたようです

私は私で十分すばらしい存在だ。

強がらなくても人と比べなくてもいい。

相手も同じで、否定できるものなんてない。相手も相手ですばらしい。

〈自己暗示〉

私は素直で相手のことを受け入れられます。

私は思いやりがあって相手の小さな声を聞けます。　（はっきり言わずとも相手が思っていること）

私は私ですばらしい。相手も相手ですばらしい

このあたりから自分の行動が自己中心的で、相手に一方的に期待、要求するような態度を取っていたことが自分の問題点だったことに気づいてきたようです。

自分でも答えがわからないながらに自問自答している様子がうかがえますね。思いつくままに書く、そんな感じでかまいません。

7/21（火）

今日はとにかくヒマなので

“自分を愛する”という最大の課題

と向きあってみようと思う。

よくわからないけど今までの人生で苦しかった

こと全部ここに書いておさらばしよう。

自分の傷を洗い流すことで
自分を愛せるかも、と考えています

・小学校でいじめられたこと．

・中学でいじめられたこと．

・変なあだ名をつけられて．授業中でも大声で
からかわれたこと

・友達に裏切られたこと．

・塾でもいじめられた。

・何をやっても悪口を言われた

・友達に仲直りの希望すら絶たれた

・友達ができなくなった。

・自分が傷つけられるんじゃないかと思うようになった。
・親にまで他と比べられた。
・お前は友達がいない。無価値だと言われた。
・自分を愛してくれる人だけが頼りになった。

なんだなんだ？ どこからおかしかった？
どこからコンプレックスが生まれた？
友達がいない？ そんなことない。友達1も 友達2も
同期もいる。それでいいじゃない。狭く深く
関わるのが私らしい。
私は私で大丈夫なんだ。普通の人間だ。

自分を幸せにしてあげよう。まず。

とにかく言い聞かせてみていますね。
すぐには納得できなくとも自分の意識に
何かしら訴えかけることが大事です。

その潜在意識は心の傷から来てる。

私の場合

『人に嫌われる』だな。

理解

いじめの経験、お前はいじめられやすい性格だ。あんたは友達がいないと言われた。これが全部

私＝嫌われる

っていう潜在意識を作っちゃってる

だから元カレの一言とか行動に過剰に不機嫌になるんや。

私は嫌われてるの証拠探しをしちゃうんや。

じゃあ私は嫌われてない。人から好かれてる

っていう意識を持たなきゃいけない。

そのためには私も周囲を好きにならなきゃ。

考察

私が人に対して敵対心を持っているから
人間関係の成功体験が得られないんだ、
と考えてますね

いくつか参考に抜粋しましたが、このように

- (気づき) 自分こんな行動しちゃってたな
- ↓
- (理解) それって、もしかしてこんな風に考えてたからなのかも。この出来事が原因なのかも。本当はこうしたくてその行動をしていたのかも
- ↓
- (考察) 本来どんな風に考えたらいいんだろう？　そう考えられるようになるにはどうしたらいいだろう？

という具合に思考を深めていくと、自分というものの解像度が上がっていきます。

それまで、なんとなく感情に任せて動いていたのに対し、「自分ってこんなとき、こんな風に不安になるんだな」「それは今までこう考えてきたからだったのか」というように客観的に理解できるようになるわけです。

そうすると、じゃあどうすればいいんだろう？　という対策の仮説も浮かんできます。それが正解でなくても全く問題ありません。こうすればいい？　ああすればいい？と思考を巡らすことにこそ意味があるのです。

このように日ごろから自分に目を向ける習慣をつけていると、自然と意識がそちらに向きます。すると、それがレーダーになって、ヒントを見つけやすくなるのです。気になって開いた本の内容や、ふと流れてきた動画、いつも聴いていた曲の歌詞、友達の話なんかにはっと気づきを得ることもあります。

それらの情報は日ごろから意識を向けていてこそ、拾うことができるのです。そして、何か気づいたことがあったらまた書いて考えて……、これを繰り返していくことが自分を育てるための基本です。

少しずつ自分に変化が起きていっても、そのまま続けてみることをおすすめします。頻度は減ったものの、今でも悩んだときや道に迷いそうになったときはノートを開き、私も自分と対話しています。

過去を振り返って感情をデトックスする

中には辛い経験が心のつかえになっている人もいるかもしれません。例えば、親子関係、いじめの経験、浮気された経験など。それらに対する怒りや悲しみがたまったままではなかなか前に進めません。

私も自分の振り返りを行う前は、親から言われた言葉やいじめの経験を何度も何度も思い出していました。こんな経験をしなければ、こんな風に言われたりしなければ、そう考えては何度も悲しみを反芻《はんすう》してしまっていたのです。

心の傷は、表面上ではどんなに乗り越えたようなフリをしていても、折り合いがついていなければ、じくじくと痛み続けます。

こうなると、何が問題かというと、**辛い経験をしたことによるマイナスな思い込みや自己認識を繰り返し刷り込んでしまうこと**です。

私はこんな育ちだからもう変われないんだ、とか、一途に愛してくれる人なんてどうせいないんだ、などと自分に言い聞かせているのと、同じになってしまいます。すると、一層その思い込みは強まり、自分に対する失望感は増し、にっちもさっちも前

に進めなくなってしまうのです。これだけは忘れないでほしいのは、

自分の振り返りは過去や今を嘆くためではなく、未来を変えるためにやっている。

ということです。思い込みや自己認識について、頑なに信じ込んで絶望してしまっては元も子もありません。

あなたが何か自身に問題を感じているとしても、それはあなたが悪いわけではないのです。**様々な条件や過去の出来事の影響で、そう考えるようになってしまっただけで、それは仕方のないこと**なのですから。

あ、このせいだったんだなと、病気の原因でも探すような感覚で理解するようにしてみてください。

原因には対策が施せます。決してあなた自体が悪なわけでも、手の施しようがないわけでもありません。

過去の辛い経験については、まずは当時の辛かった感情や、本当はどうしてほしかったのか、相手に言いたかったけど言えなかったことなど、当時の自分に会いに行く感

覚で、**傷ついた自分の話を沢山聞いてあげましょう。**

感情をデトックスすることで、当時の出来事を落ち着いて見直すことができます。

注意点ですが、この作業は非常に心に負荷がかかります。

もしそこで自傷行為に走ってしまうとか、過呼吸になってしまうとか、自制が利かないような症状のある場合は、私のようにセルフで自己改革をすべき範疇を越えている可能性もあります。その場合は決して無理をせずに、医療機関やカウンセラー等の助けを借りてください。

起きた出来事をどのように解釈するかは人それぞれです。

例えば、人から酷いことを言われたとき、「そんなことを言うなんて、きっと心が満たされていない人なんだな」と受け流す人もいれば、言われたことをそのまま真に受け、「私はダメな人間」と学習してしまう人もいます。

同じような経験をしても、その後の生き方、考え方に違いが生まれるのは、その人がその出来事をどのように意味付けしたかの違いによるものなのです。

つまり、解釈が変われば何度も思い返すほど囚われていた辛い記憶が、思い返すまでもないものになったり、むしろ自分にとっての糧となってくれたりすることもあります。

私が何度も思い返していたいじめの記憶を、きっかけ一つで思い出さなくなったことも、もう未来はないとまで思った失恋が今の私になるためには必要な出来事だったのだと思えるようになったことも、この解釈の書き換えを行ったからです。

「あのときもこうだったし、いつもこんな風に扱われるし、私はダメなんだ」ではなくて、「そもそも私に傷を作ったあの経験は、私が何年も引きずらないといけないようなものだったんだろうか」と疑いの目を持ち、改めて捉え直せないか、向き合ってみてください。

少し時間がかかるかもしれませんが、何かの気づきとともに今までの見方とはガラリと変わる瞬間があるかもしれません。

そうなれば、その出来事があなたを苦しめることはなくなるでしょう。

8/6・7の分

でもほん〜〜の少しずつ変化を感じられるように
なってきた。まだ潜在意識は変わってない
けど、相手の言葉が冷たく聞こえても、それは
思いこみだって思えるようになったし、感情を
素直に出すことは悪いことじゃないってわかり
始めた。つらいときに元カレにすがりたくなるのも
心のスキマを埋めようとしてるんだって理解して
制御がきくようになった。えらい。

意識の書き換えや過去の傷を自覚したことで
少しずつ自分を客観視できるように
なってきたようです

母に元カレを否定されたときの私へ。

その人はとってもステキな人。選んだあなたは間違ってないよ。あのときやり直す道を選んでくれてありがとう。

母親の理想である必要なんかない。常に自分で正しい選択をしてきてくれたよ。だから今ちゃんと生きられてる。気に病まなくていいんだよ。あなたはいつだって間違ったことはしてない。あなたの意思がとっても大切だ。

あなたはもう母親のものじゃないんだよ。自分を主張しても何も悪くない。私の人生を思うように生きていいんだよ。

過去の傷を癒やすワーク

過去の私へ。

学校でいじめられてた私へ。あんなにつらかったのにちゃんと学校に行ってえらいね。
その後、Aや Bとは仲よくなれてすごいよ。
純心だったんだね。尊敬する。

中学で、塾でいじめられてた私へ。毎日つらかったのにちゃんと勉強してくれてありがとう。そのおかげで希望校に入れて、就職もちゃんとできた。頑張ったね。えらすぎる！

サークルを否定されたときの私へ。その道は間違いなく正しいよ。人と何かを作ること、目標に向かって頑張ることに夢中になれるのはあなたのいいところだよ。

STEP 2

思い込みをほぐし、心をフラットにする

自分の中の常識を疑い「記憶」の書き換えを行う

さて、ステップ1で自分と向き合う習慣がついてきたら、今度はそれらを書き換えていくフェーズに移りましょう。人は生きている間に多くのことを経験、学習し、それらによってできた考え方が潜在意識に保存されていきます。

潜在意識とは、いわば無意識の領域で、意識せずともそう考えている、〝自分にとっての当たり前〟のようなものです。

ここが変化していかなければ、どんなに頭では「こんな風に変わりたい」と思っていても、そう簡単には根っこから変わることはできません。必死に上からペンキを塗っては剥がれ落ちる状態を繰り返してしまいます。

というわけで、ステップ1で棚卸しした自分の考え方たちと一から向き合って、潜在意識の記録を書き換えていきましょう。

あなたの中にはどんな〝常識〟があったでしょうか？

- 自分なんてどうせ雑に扱われる
- 自分はダメなやつだから幸せな人生なんて生きられない
- 好きなことをして生きるなんてわがまま、無謀
- 人から立派だと思われるような生き方をしなくちゃいけない
- 自慢できるような仕事に就いていないといけない
- 失敗してはいけない
- 人のご機嫌を取ることが自分の役目

人それぞれ様々なものがあると思います。これらは、それまで生きてきた中での経験と、それらの経験をどう解釈し、心に記録してきたかの表れです。例えば私の中にはこのようなものがありました。

- 母が許すことの範囲内で生きないといけない
- 学歴の低い人間は価値がない
- 安定した仕事に就いていないといけない（そうでないと家族に顔向けできない）
- 挑戦、冒険をするのは馬鹿。安定的、保守的でいることこそ利口

何度振り返っても、やはり母の価値観の丸写し的部分がかなり大きいと思うのですが……笑。母とは基本的に仲はよく、思春期をすぎても私が意志を持ったり、反抗したりすることも特段なかったため、母の考え方をそっくりそのまま受け継いでいました。

当時の私は、なんとも世間的な評価軸に縛られていて、「自分のやりたいこと」とか「自分らしく」とかそんなワードは全く私の辞書にはなかったのです。そんなことよりも、無難に立派に、体裁を整えて生きなければならない。これが私の根幹でした。しかし、今まで当たり前にそうだと思っていたこの価値観が、実は私を苦しめていたわけです。ステップ1で自分の行動から、そうしてしまう原因の考え方を紐解き、棚卸しするまでは自分でも気づけていませんでした。

「今までずっとそうやって生きるのがベストだと思っていたけど、本当にそうなんだろうか……？」

私は疑問を持ち始めました。**今まで無意識的にそうだと思い込んでいたことを、疑ってみる。これが潜在意識を書き換えるための第一歩です。**

この潜在意識が変われば、考え方が変わり、言動も変わり、起こる出来事、ひいては未来が変わっていきます。

本当はこんな風に生きていいんじゃないのか？　自分が今まで囚われてきたことも本当は気にしなくていいのかも？　幸せに生きられている人はこういう風に考えているんじゃないか？　とまずは仮説を立ててみましょう。

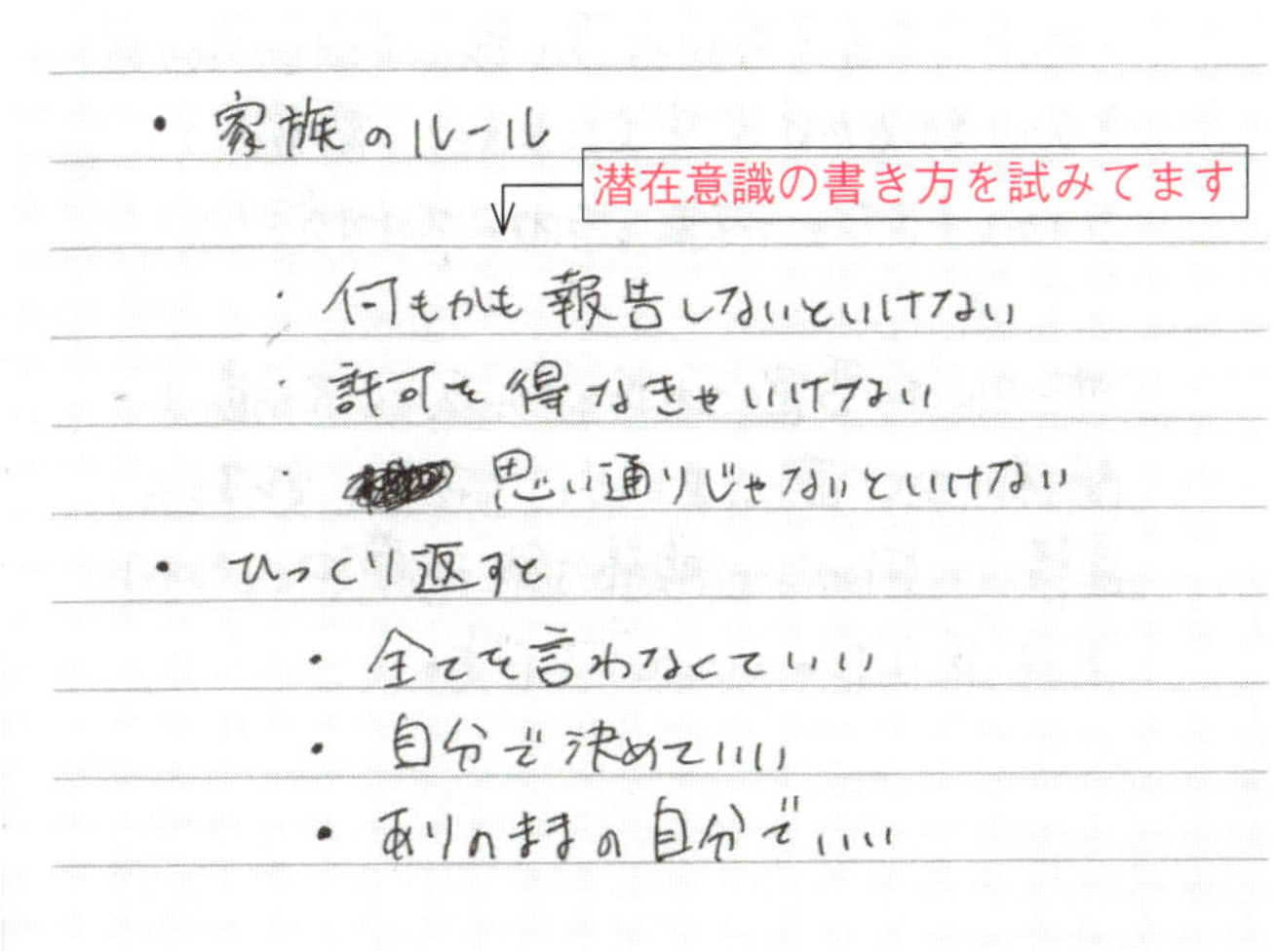
・家族のルール
潜在意識の書き方を試みてます
・何もかも報告しないといけない
・許可を得なきゃいけない
・思い通りじゃないといけない
・ひっくり返すと
・全てを言わなくていい
・自分で決めていい
・ありのままの自分でいい

立てた仮説に応じて、世界を知るために行動してみることも大切です。例えば、私はこの時期、大学時代からずっと気になっていたダイビングのライセンスを取るためにスクールに通い始めました。

正直、初めは考え方を変えるためというよりも、今まで目を背けていた自分の本心（やりたかったけれど諦めたこと等）に従い正直に動いてみようと思ったにすぎませんが、**結果的にそこで大きな価値観の変化がありました。**

そのダイビングスクールで出会った人たちの生き方は、私の常識の範囲を超えるようなものばかりだったのです。

世界を旅しながら数々の海に潜っているお兄さん、若いときに立ち上げたサービスを運用して不労所得を得ながらバリバリとダイビングを楽しんでいるおばあちゃん。そこには自分の人生を思うままに謳歌している人たちが集まっていました。

私はその人たちを見て、こんな生き方があったんだと、そんな風に生きていいのかと衝撃を受けたことを覚えています。

こんな風に、自分の思い込みとは違う生き方を実現している人、世界に触れてみること、視野を広げてみることは、自分に大きな変化を与えてくれます。

そんな経験をするためにも、**勇気を出して行動を変えてみる、自分の直感を信じて素直に踏み出してみることは大切です。**

第3章でも述べましたが、自分の中にあるものが絶対正解でもなければ、不正解でもありません。

マイナスな考え方を棚卸ししては、そうなんだ、そうなんだと信じ込んだりせず、疑いの目を持つところから始めてみましょう。

すぐに変われなくても、自分を責めない

自分の考え方の癖に気づいて、変わろうと意識してはいるのですが、なかなかそう考えることができません。どうしても今までどおり後ろ向きに考えてしまうのですが、どうしたら変われますか?

こんな相談をよく受けます。でも正直に言うと、このようにさえすれば、綺麗さっぱり考え方が変わる! なんて裏技はありません。

仏教では、悟りを開くために熱心な修行を必要とするように、一朝一夕で人は変わらないのです。

ましてやこれまでの何十年そのようにしてきた考え方が、そんな数日や数か月で変わるわけがないじゃあないですか。

そのためには、ひたすら自分と向き合い続け、意識し続け、精神的な鍛錬を繰り返す他ありません。

ただ、その先に必ず変化はあります。すぐに実感が得られずとも、うっかり今までのようにマイナスな感情に囚われて暴走してしまっても、自分を責める必要はありません。そういうものなのですから。**変われないんだと諦めないで、少しずつ反省を活かしていけば大丈夫です。**

人間には、潜在意識という無意識の領域があるという話をしました。この領域は意識の90％以上を占めると言われていて、**実は私たちが自覚できる意識の範囲は残りの数％しかありません。**

皆さんは呼吸をするとき、一回一回、吸って吐いてと、意識しているでしょうか？

歩くとき、右足、左足と、意識的に動かしているでしょうか。当然無意識にできていますよね。

潜在意識は、私たちがより効率的に顕在意識を使えるように、ほとんどのことを無意識でできるようにしてくれているわけです。

〝生き方〟というのも、自分をこれまでどおり安全に生かすために潜在意識が記憶しています（たとえその生き方が自分を苦しめるようなものであったとしても、潜在意識にとっては大切な生存手段なのです）。

過去に恐怖を覚えたときと同じ経験をしないように不安信号を出したり、これまでと同じ考え方、感覚を維持したりすることで身を守ろうとします。

そんな潜在意識にとって、考え方、生き方を変えるというのは危険なことなのです。これまでに前例がないわけですから、下手にルールを変えて大変なことになったらいけないと潜在意識は必死に抵抗します。

これが、なかなか考え方を変えられない原因です。つまり、どうしてもネガティブに考えてしまう、新しい考え方に納得しきれないというのは、あなたの潜在意識が、あなたを守ろうとしてくれているサインでもあるのです。

そう考えるとなんだか健気に思えてきますよね。もし、なかなか変われないなと思ったら、「潜在意識が私を守ろうとしてくれているんだな」と思って、自分に腹を立てないであげましょう。

反対に、潜在意識からの不安の声に耳を貸さず、「そんな風に考えちゃダメ！　不安になっちゃいけない！」と真っ向から否定してしまうと、潜在意識はかえって頑固になってしまいます。

潜在意識に納得して新しい考え方をインストールしてもらいたいのに、この頑な状態になってしまうと、変わりたい顕在意識と、それを拒否する潜在意識とでケンカになってしまいます。

こうなってしまうと、変われない自分にイライラするし、自己否定自己嫌悪で気分も下がるし、無理に考えを変えようとしても潜在意識に受け入れてもらえず、にっちもさっちもいかなくなってしまうのです。

先にも言ったとおり、人間ちょちょいのちょいで変わるなんてことはできません。あなたの中には現状維持機能も備わっていて、それも大事な潜在意識のお仕事なのです。

大切なのは、そんな潜在意識の働きを真っ向から否定したり、立ち向かったりするのではなく、不安も受け入れながら少しずつ慣らしていくこと。

すぐに変われない自分を責めず、そういうものだよね、と受け流してみてください。

加えて、具体的に何が不安なんだろうとか、どのあたりが納得できなくて、それはなぜだろうとか、より深く潜在意識の声を聞いてあげるといいかもしれません。

そうやって少しずつ向き合いながら一進一退しているうちに、だんだんと潜在意識が変化を受け入れてくれるようになります。

思い返せば私もそうでした。

生き方を変えよう、変えたほうがよさそうだとは思っても、いきなり「自分の好きなようにしま〜す！」なんてことはできませんでした。

新しいことを始めるときも散々二の足を踏みましたし、仕事を辞めるときもどうしてもその先や親の目が怖くて、覚悟を決めるのに時間がかかりました。

ただ、それでも諦めず自分と再三語り合ったからこそ、少しずつ変化を受け入れることができるようになったのだと思います。

初め、「親の言うとおり安定的に生きるべし。下手な挑戦をするやつは馬鹿だ」と言っていた私の潜在意識は、「私がうまくいくと思えばうまくいく！　やりたいことをやって楽しく生きてこそ人生〜!!」と言うくらいには変わっていました笑。

自分がどう考えれば納得できるのかというポイントは人それぞれです。ひたすらに悩み抜いた先でしか、その答えは見つけられません。日々意識的に考えることで、そのヒントを見つけやすくなります。

何かほんの少しのきっかけで、価値観や物の見方ががらっと変わるかもしれません。長い旅路ではありますが、自分の成長を楽しみながら進んでいきましょう。

STEP 3

新しい自分を体験しよう

「引き寄せの法則」を使って願いを叶える

ステップ2でだんだんと思い込みが解除され、心がフラットになってきたら、**次はいよいよ新しい自分をより定着させていく段階に入ります。**

「今までこんな風に生きなきゃと思っていたけど、そうじゃなかったんだ」という気づきのフェーズ、凝り固まった潜在意識をほぐして、新しい価値観を取り入れようとする解放のフェーズ、それらを経て今度は、新しい価値観に沿って、実際に新しい自分を作り上げていく実現のフェーズです。

この段階では実際に行動を起こしていく必要がありますが、そのためには勇気がいります。いくら心がフラットになってきたからといって、今までしたことのない生き方を始めるには怖さがあるでしょう。**そんなときに、心の強い味方になってくれる考**

え方が「引き寄せの法則」です。

引き寄せの法則とは、簡単に言うと「自分の信じたことが実現する」というものです。私の体感では、世界的なビジネスを成功させた起業家や、学者、成功した芸能人、スポーツ選手など、ハイレベルな人たちは捉え方や言い方は様々あれど、皆この法則を当たり前のように実践している方が多いように感じます。

目に見えないものだからこそ、スピリチュアルめいているように思われがちですし、軽視されがちですが、この世界で、いつの時代も、誰しもに自然と働いている法則だと私は思います。

これについては、様々な学問において研究がなされているようですが、私が理解している範囲で、簡単に説明します。

まず、この世の万物は原子や電子といった粒子によって構成されています。どんな物体も量子レベルにまで分解すればそういった要素の集まりなわけです。

そしてそれらは常にエネルギーによって振動していて、波動を発していると言われています。

人間が怒ったときや、喜んだとき、人体を構成する原子たちはそれぞれに合わせた波動を発しているわけです。**この波動が同じ周波数を持つものを引き寄せる法則を持っている、というのが引き寄せの法則です。**

そんなの目に見えないし、本当かよと思う方もいるでしょう。

ただ、この法則はたとえそれを学術的に知らない人々の間でも、古くから慣習的に親しまれてきました。

例えば、「笑う門には福来る」ということわざなんかがまさにそれです。私はことわざの起源には詳しくありませんが、昔の人が、いつも笑っていれば幸福がやってくるということを体感したからこそできた言葉でしょう。

それはまさに笑いというプラスのエネルギーが、同じく幸福というプラスのエネルギーを引き寄せたものだと言えます。他にも、「人を呪わば穴二つ」なんてことわざもありますが、これも恨みという負のエネルギーを持っていると、それが自分にも引き寄せられてくるという体感的な出来事を戒めとしたものかもしれません。

こういったことは私たちの身近なところにもあるもので、例えば朝からいいことがあって、「今日は気分がいいな！」と前向きな気持ちで一日をスタートすると、不思議といいことが続いたりします。

反対に朝から最悪な気分でスタートすると、最悪だなと思うことが続いて余計イライラするはめになったりするものです。

考えてみれば、気分がプラスかマイナスかというだけで、表情、態度、行動、発言、全てが変わってくるわけですから、引き寄せられる結果も異なるのは当然の話ですよね。


恋愛でも同じです。潜在的に「私は愛される存在だ」と思っていれば、それが振る舞いの全てに現れます。その結果、相手と安定した関係を築くことができ、本当に愛されるという結果が手に入ります。

反対に、「私は愛されない、いつか浮気されるかもしれない」とマイナスのエネルギーを持っていると、**自分ではそうならないために抗っているつもりなのに、不思議とそのとおりの未来を招いてしまうのです。**


このように、自分が発している波動に応じて、それに見合ったものが引き寄せられれるというのが引き寄せの法則ですが、ひいては、自分の感情や思考をコントロールすることで願ったことを叶えることができるわけです。

なんなら、具体的にそれを叶える方法がわからなくても、今の自分にそれができる検討がつかなくても、自分がそうなると信じさえするだけで勝手にそうなるというルールがこの世には存在しているのです。びっくりですよね。

でも、そのおかげでまさに、なんてことないその辺のOLから、この本を出版する夢を叶えるまでに至っているのが私です。

本の出し方なんて知らないし、どういう経緯で自分がそれを実現するのか、本当に可能なのか、検討もつかなかったけれど、ただ「私は本を出す」と信じ続けてきた結果、実現しています。そういうものなのです。

私自身は、ステップ3の段階に入りだした頃から、この引き寄せの法則を大前提として心の支えにしてきました。

「本当に叶うかな……そうならないんじゃないか……」と不安に駆られる前に、まずは自分自身がそうなると信じること、それが何より大事なのだと常に自分に言い聞かせ、逆に信じさえすれば叶うもん♪　と前向きなマインドを保つことで前進することができました。

自分を信じて前に進むための支えとして、引き寄せの法則を味方につけることは本当におすすめです。

「叶った後」の自分を妄想するのがカギ

前項でも説明したとおり、物事を引き寄せるのはエネルギーが発する波動です。ではプラスのエネルギーを保つためにはどうしたらいいのか、それはプラスの感情を保つことです。私はこの頃から、とにかく暇さえあれば自分の叶えたいことを具体的にイメージするようにしていました。


例えば、「彼と復縁してこんなデートを……」とか（実際にその後、彼から連絡が来るようになり、関係は回復しましたが、その頃には私が復縁するという願いを取り下げてしまっていたので、復縁するには至っていません笑）、「SNSでこんな発信をして、事務所に所属して……」とか。

どんなものでもかまわないので、とにかく自分がワクワクしたり、幸せを感じたりすることを具体的に思い浮かべます。

人間の脳は想像と現実を区別することができない（梅干しを想像すると唾が出る、なんていうのがその例です）ので、具体的に想像することで、だんだんと本当にそれが叶ったかのような感情が湧いてきます。

それをじっくりと味わってください。そのプラスの波動が、プラスな出来事を運んできてくれるのです。信じられなくても、そういうものだと思ってやってみて損はありません。実際に感情がプラスになることで諸々がプラスに運びます。

つい、それが叶えば幸せになれる、いいことがあれば笑える、というような順序で考えがちですが、実際は逆です。

幸せでいるからそれが叶うし、笑っているからいいことがあるのです。叶った後のマインドを先にインストールすることで、それに見合った状況が後から引き寄せられてくるという仕組みを忘れないようにしましょう。ついては、どれだけ〝叶った後の自分〟を再現できるかがカギとなります。

先ほど述べたように、具体的にイメージすることで感情を理想の状態に近づけることもそうですし、普段から、思考の照準を叶った後の自分に定めておくことが大切で

す。例えば、

「ああ、この映画、もう2人で見れないんだなぁ……」→「復縁したら一緒に見よう♪」
「本なんて本当に出せるのかなぁ……」→「〇年後には本を出すぞ！」

といった調子です。あたかも、もう叶うことが決定しているかのように考えること。これが潜在意識の奥底から自分と未来を信じきるための一番の方法です。

もちろん、すぐにそう信じられなくても問題ありません。
意識的に「そうなる、そうなる、そう思えばそうなる」と唱え、書き、言い聞かせていくこと。その繰り返しによって不思議と自分自身もいい意味で騙されていきます。「なんかもうそうなる気がしてきた☆」となってきたとき、事は動き始めますから、根気よく取り組んでみてくださいね。

実現するのは「潜在意識」のほうであることを忘れない

引き寄せの法則には思わぬ落とし穴があります。
それは、どんなに顕在意識では叶えたいことを意図していたとしても、実現するのは潜在意識の考えのほうだということです。

例えば、「彼氏が欲しいと思っているのに、一向にできません」という人がよくいます。これ、実は潜在意識では「彼氏が欲しくない」と思っていたりするのです。いやいや、全力で欲しいと思ってるよ！　と本人は言いますが、よくよく内心を深掘りしてみると、過去の恋愛や家庭環境などの影響で恋愛にいいイメージがなく、誰かと親密になることを恐れていたり、自分なんか愛されないと思い込んでいたりするケースはよくあります。

他にも、自分は不幸だ、こんな生き方をやめたいとよく嘆いているのに、一向にその生活から抜け出そうとしない人もいますね。これも、潜在意識では環境を変えたくないと思っているからです。

このように、表面的には願いを叶えたいと思っていても、潜在意識では「どうせ無理に違いない」と思っていれば、それが実現してしまいます。

つまり、いつまでも叶わない状態を引き寄せ続けてしまうわけです。引き寄せ界隈ではよく「〜したい」ではなく、「〜する」や「〜した」という断定や完了形でイメージするように言われます。

〜したいというのは、つまりそれがまだできていない状態のことであり、それをずっと意識していても叶っていない状態が引き寄せられるからです。

〜する、もしくは、すでに〜した（そういうことになった）という認識で自分に刷り込んでいくことで、徐々に潜在意識からそう思えるようになります。

とはいえ、初めのうちはそんなにすぐには信じられないでしょう。意識はしているつもりでも、なんだかんだ不安になって落ち込んだり、焦って余計な行動をしてしまい、不安に思っていた展開のほうを引き寄せてしまうこともあるかもしれません。

ただ、前にも言ったとおり、そこで潜在意識の声に無理やり蓋をしないことをおすすめします。

不安になっちゃいけない、後ろ向きに考えちゃいけないと思えば思うほど、かえってその思考に執着してしまいます。そんな精神状態のとき、あなたの感情はプラスの波動を発することができているでしょうか。

恐らくそうではないでしょう。不安になっても無理はありませんから、不安になってるなとさらりと受け止め、横に置いておくような感覚で意識を上手にそらしてみてください。そして、引き続きプラスなイメージング（願いを思い描く、意図する）に集中してみましょう。

少しずつ潜在意識まで染み込ませるように、願いを意図する習慣をつけてみてください。

引き寄せのワンポイントアドバイス

感情をプラスに保つことがプラスの展開を引き寄せると言いましたが、そのための最も強力なパワーを持つ一言があります。**それは、「ありがとう」です。**感謝の念はどんなに腹が立っていても、心がすさんでいても、思い起こすことで必ず温かい感情を得ることができる強力なものです。

今日も起きることができたこと。スマホを使えていること。健康であること。感謝できることはいくらでもあります。

それらに感謝の気持ちを持って、「ありがとう」とつぶやいてみてください。それだけで大きなプラスのエネルギーが働き、あなたの状態をよくしてくれます。

何かお守りやお気に入りのキーホルダーなど、特定の物を持ち歩いて、それが目に留まったら感謝の気持ちを思い出すというのもおすすめですよ。

直感を信じて行動を起こそう

さて、再三〝引き寄せ引き寄せ〟と言ってきましたが、当然部屋にこもって何もせずに「そうなるそうなる」と唱えているだけで状況が変わるはずはありません。

願いが引き寄せられてくるというのは、そう意図し続けることで自然とそれが叶うところまで導かれるということでもあります。この導きに背いて何もしなければ当然結果はついてきません。

じゃあ具体的に何をすればいいのかというと、**直感的にこれだ！　と思ったものをその直感のままに実践してください。**ふと頭に浮かんだようなことでもかまいません。

そのことに何か意味があるような気がする、なんだか気になるのであればとりあえずやってみることをおすすめします。

自分の中の思い込みを書き換えていく段階のときにも言いましたが、何かについて意識を向けていると、それに関連するものを見つけやすくなります。

赤い車が欲しいなと思っていると、いつもより赤い車が多く目に留まったり、今日はついてないなと思うと、悪いことばかりに気づきやすくなったりするものです。

このときに、やる前からやった後のことをあれこれ想像しすぎるのはやめましょう。どうせ飽きるんじゃないかとか、続かないならお金の無駄になるからやめたほうがいいんじゃないかとか。

確かになんでもかんでも浪費するわけにはいきません。しかし、自分を変えたいと思っていて、何か興味を引かれることがあったならとりあえずやってみてください。特に私の過去と重なる部分が多いなと感じる人は、「行動こそが人生」と考え方を大きく変えるエンジンになると思います。

私は元々慎重派で、虚無主義的で、利益と安全が保障されていること以外は行動を起こそうとしませんでした。それが賢い生き方だとすら思っていました。

しかし、そういった生き方が癖づいてしまうと、何にも心躍らず、楽しいことも見つけられず、成長や発見の機会も得られない、視野が広がることもない、心の凍った人間になってしまうのです。

そういった人間が新しい世界、新しい自分を体験するには行動が欠かせません。仮に結局それ自体が長続きしなかったとしても、何かしらの経験があなたの価値観に影響を与えてくれるはずです。**ひとまずやってみる。やってみて違ったのならまた別の道を探す。**それで問題ありません。

私のダイビングも結局あまりハマれずやめてしまいましたし（勢いあまって70万円近くする機材を揃えてしまったことは正直やらかしたと思っています笑）、その後も動画の方向性や活動の仕方などで、何度もトライしてみてはやめ、を繰り返してきました。

ただ、それら全てに意味があったと思っています。間違えたらやり直せばいいし、その間違いからもまた一つ学んでいるのです。それがその後の道作りをより確固たるものにしてくれます。

ぜひ、日ごろのイメージングと合わせて、直感に従って行動してみてください。

自己暗示とイメージングで気持ちから入る

イメージングには、願いに感情の波動を合わせることで引き寄せやすくするという効果もありますが、それよりも先に、行動するための勇気を湧かせる効果があります。今までしたことがない生き方をするにはどうしても勇気が必要です。

例えば私も、自分の好きなように生きて本当にいいのか、親が言うように安定に無難に生きるべきなのか、失敗して後悔しないか、怖気づく要素は沢山ありました。ただ、最終的には、

「私自身が怖気づいてたらそれこそ失敗する。自分が自分を信じさえすればうまくいくし、諦めなければ失敗したことにもならない。仮に今思い描いている未来とは違っても、自分の思うままに人生を創造していくことにこそ意味があるんだ！」

と思い、大きな期待と希望を持って退職しました。そのときの私は自分でも信じられないくらい前向きなエネルギーに溢れていました（今でも正直あのときがエネルギー

的にはピークだったなと思います笑）。

そんな風に思いきれたのは、日ごろからしつこいほどに成功イメージを思い描いていたからです。

私は必ずこうなる、そう思えばそうなると繰り返しイメージし、ある意味自己暗示をかけていました。そのおかげで、心の底から前向きな未来と自分を信じることができ、人生を変える勇気をふるい起こすことができたわけです。


よく、あらゆる場面で「自信がない」という言葉を耳にします。うまくできないんじゃないかとか、人に嫌われるんじゃないかとか、「自信がない」と思えば思うほど、その状況を打開する勇気はくじかれます。

その状況で、どうすれば自信を得られるのでしょうか？　自信がないから挑戦もできず、挑戦しないから成功体験も積めず、これでは自信を得られる機会は訪れません。

自信というのは、それが湧くのを待っていても意味がなく、成功体験の積み重ねによって初めて得ることができるわけです。


ではどうすれば自信がないことに挑戦できるのか、それこそ、イメージングの力を借りることです。

何か、「こうなるに違いない……」というマイナスな思い込みがあるなら、それを根気よく否定していくこと、頭の中でどんな風に振る舞えばそれが成功するのか、成功したときはどんな感じか、具体的にイメージすること。

これをひたすらに繰り返すことで、だんだんと自分自身が騙されていきます。

例えば、私は前職で女性社員が9割を占める会社に勤めていたのですが、年上の女性になんとなく怖いイメージがあり、女性の先輩と距離を縮められないことに悩んでいました。

そんなある日、同じチームの先輩2人と同期の4人で親睦を深めるためのランチ会をすることが決まり、私はその日までに繰り返しイメージングをしてみることにしました。

「私が端から怯えて変な態度になっているから、相手も気を使うのかもしれない。同期のあの子みたいにフランクな感じで話してみよう。いつも気を使ってあまり素を出せないけど、友達と話すくらいの声のトーンで話してみよう……」

などと自分が先輩と話しているシーンを何度も思い浮かべました。

そして当日、イメージしたとおり、下手に気を使わずに話してみたところ、私が怯えていた頃の反応とは打って変わって話が盛り上がり、先輩と距離を縮めることができたのです。

今まで、自分は年上女性に嫌われやすい、人付き合いが下手だから自信がないのだと思っていましたが、実際は自信がないと思っているから、人付き合いがうまくいかなかったのだとこの経験で身に染みて学んだことを覚えています。

スポーツ選手などの間でもイメトレが行われていたりしますが、それほどにイメージングの力は大きいのです。

もし、どうしても怖気づいてしまうことがあったら、まずは想像の世界で練習してみること。そこで成功イメージを繰り返し思い浮かべることで、前に進む力を得ることもできますから、ぜひ試してみてくださいね。

心も体も元気でなければ始まらない

ここまでいろいろとメンタル的なことを話してきましたが、結局何よりも大切なのは健康的な生活です。

人間は生き物ですから、ちゃんと寝ることができていなければイライラするしパフォーマンスが落ちます。

ちゃんと食べていなければ栄養が不足して心身に影響が出ます。よく寝て、よく日光を浴びて、よく食べる。自分の明らかなストレス原因や生活を乱すものから距離を置く。これだけでも大部分が解決したりするものです。

私がこれまで解説してきた自分を育てるメソッドは、まず心の元気がなければできません。鬱状態まっただなかのときに、自分を変えようなんて考えるだけでも疲れてしまいます。

そう考えられるようになっている時点で、ある程度前向きな状態であって、本当にどん底にいるときは何もしたくないし、何も考えたくはないでしょう。でも、それは単に心のパワーが枯渇しているのです。

大概そういうときは体のパワーも枯渇しています。そういうときは無理に前向きになろうとせずに、基本的で人間的な生活を取り戻すところから始めてみてください。社会とか、他人のことなんて一度忘れましょう。

日が昇ったら起きて、太陽の光を浴びて、新鮮な空気を吸って、栄養バランスのよい食事をとって、夜になったら寝る。大昔から人間はそうやって暮らしていたわけです。

その最も自然な状態に戻って、まずはその基本中の基本とも言える生活をじっくり堪能してみてください。

体の調子が整ってくれれば、心の調子もよい状態を保てる時間が増えてくるはずです。

そうなったら前向きなことの一つくらい考えてみようかな、くらいでかまいません。

私はいかんせん怠惰なので今でもよくそうなりますが、生活が乱れると面白いほどにメンタルも乱れます。

昼夜逆転して日光を浴びることができなかったり、パフォーマンスが下がってやるべきことをやりきれなかったりするだけでも、自己肯定感が下がってしまうときもあります。そうならないためにも、まずは健康的な生活から。この原則を忘れないようにしましょう。

というような感じで、長々と説明しましたが、ここまで詳細に私が実践した方法をまとめたのはこの書籍が初です。

とはいえ、これを読んでもまだ「こういうときはどうしたらいいんだろう」とか「この悩みはどうやったら解決するだろう」とか、悩みは尽きないのではないかと思います。私のSNSのDMにもそういった具体的な悩みが日々沢山届きます。

ただ、やはりそればかりは自分で向き合ってこそだということを忘れないようにしてください。

答えはいつだってあなた自身の中に必ずあります。

私の動画や相談の返信の中でも、そのヒントになり得る話や私自身の気づきは参考として発信していくつもりですが、やはりどこにあなたの納得できる点があるのか、何がつかえになっているのか、それはあなた自身にしかわかりません。

その解決のために、ひたすらに〝考え抜くこと〟。

それ自体が自分を育てる最大の方法だと言っても過言ではありません。そうやって向き合ってこそ、自分のことをより理解できるようになり、ひいては自分に適した環境、生き方を選ぶことができるようになります。

自分の過去も、良さも悪さも、性質も理解できれば、自分のことを受け入れられるようにもなります。

思い込みや闇雲な自己否定に縛られることをやめて、心新たに、自分という人間と知り合ってみてください。

そして、手を焼きながらも面倒を見てあげてください。時間はかかるし、地味に思えるかもしれませんが、あなたが真剣に自分と向き合えば向き合うほど、確実に人生は変わります。

まずは、今あなたが抱えている悩み、モヤモヤ、イライラを1冊のノートに書き起こしてみること。そのままの自分と話してみること。そこから始めてみてください。

あなたがあなたらしく、思うままに人生を作っていくこと。
その先で、あなた自身が幸せになること。
それが、他の何よりも優先度の高い、あなたの生まれた意味だと私は思います。

おわりに

本書では「なんだか生きづらい」「人生が楽しくない」「依存的で恋愛がうまくいかない」、そんな皆様の気づきとなれるよう、これまでの私の学びと成長をまとめてきました。

いろいろなことを言いましたが、結局何が最も大切なのか。

それは、

自己理解を深めること。

これに尽きます。

私がメンヘラを脱し、自己肯定感を高め、心から満足に思える人生を作ることができたのは、ひたすら自己理解を深めたからに他なりません。人間、自分のことってわかっているようでわかっていないのです。

それなのに、変に他人よりも身近な分、自分の至らないところについては敏感だったりします。

自分の本当の声には蓋をして、いいところには目もくれない。足りないところばかり見ては自己嫌悪し、自分が苦しむ方向にばかり努力してしまう。他人のために生きようとする。それこそが、生きづらくなってしまう原因です。


日本では特に、人に迷惑をかけないだとか、人に思いやりを持とうだとか、他人について散々考えさせられます。

もちろんそれも大切ですが、それ以前に、皆もっと自分自身を見てあげるべきだと私は思うのです。


「自分を愛せない人は、他人を愛せない」なんて話もしました。自分への愛が枯渇している人に、他人を愛する余裕など生まれないからです。

では自分を愛するにはどうすればいいのかというと、まず自分について知らなければなりません。

人間は長所も短所も表裏一体なのに、人が自分自身について知り尽くしているかのように語るのは大概、悪い面ばかりです。

他人が自分の弱さについて話してきたら「いやいや、あなたにはこんないいところもあるじゃん」と思うかもしれません。あなただって同じです。

何か問題を抱えていると思うなら、そうなった原因があるかもしれないし、そこには解決策もあります。

まずは、今までわかったつもりになっていた自分についてとことん研究すること。心の声を聞くこと。そこに全ての糸口があります。

そしてもう一つ、大切なマインドは、

そう信じさえすれば、そうなる

ということ。

これはもう、あなたが信じようが信じなかろうが、世界の法則として必ず存在しています。あなたが自分をどう捉えるか、未来をどう設定するか、それ次第で全てが変わります。過去と今は決まっていても、未来はまだ決まっていません。決めつけてしまう自分がいるだけです。

もしかしたら、自分との対話を深める中で、自分の弱さを痛感するときがあるかもしれません。

それでも、「だからダメなんだ」と決めつけないで。気づいた分、確実に前進しています。

私は大失恋をしたあのときと今で、人生の〝当たり前〟としていたものが180度変わりました。

もしあのとき、自分の考え方を一から見つめ直すという発想に至らなかったら、今も学歴や勤め先などのステータスを気にして、本心とは裏腹に親の望む生き方を続けていたかもしれません。

その先でどんなに自己肯定感を上げようと努力したってきっと効果はなく、行き場のない嫉妬心や劣等感で人生を恨んでいたと思います。

なぜならそもそも自分の生きたい人生を生きられていないのだから。もしこの本の中に、あなたの当たり前を変えるような気づきがあれば、それがこれからのあなたの人生をよりよくしてくれるものになれば、心から幸せに思います。

この本には、私の前向きなマインドとともに、過去の悲しみや苦しみも沢山詰め込みました。

結婚するとまで思っていたのに別れを告げてきた元カレ、これ以上干渉するなと突き放してしまった母。

当時は苦しむことも多くありましたが、今となってはその全ての出来事が今の私を築いてくれたのだと思っています。

特に母には、この本を出版したことで、さらに心労をかけてしまうかもしれませんね。

母が読むかどうかもわかりませんが（あんまり読んでほしくはないですが笑）、私はあなたにとても感謝しています。

ここまで私を育ててくれてありがとう。私は今、自分の足で幸せな人生を歩んでいます。

そして、どん底を味わってもなお、諦めずに前に進んできてくれた過去の私。
あなたの長所でもあり短所でもある負けん気の強さが、私を救いました。
ありがとう。この本が、沢山の方の支えになることを願います。

Special Thanks.

私の夢を叶えてくれたＫＡＤＯＫＡＷＡ副編集長　杉山悠さんへ。

過眠ちゃん

２０２５年２月

過眠ちゃん

1998年生まれ。中央大学卒。学歴に強いこだわりを持ち、過干渉気味な母親の元、厳しい教育を受けて育つ。小・中学校および塾でいじめを受け、高校時代は母娘共に鬱病になり通院。22歳のとき結婚を考えていた彼にふられ絶望する。その後、企業に就職するも激務により生きる意味を見失うが、苦悩の末に編み出した独自の「自己分析×引き寄せ」のメソッドで〃理想の人生〃を実現。インフルエンサーへの転身、子どもの頃から憧れていた動画の投稿、ファンイベントの開催等、夢を叶えたノウハウをYouTubeやTikTok、note等で発信中。

それも含《ふく》めてハッピーエンドに
向《む》かってるから人生《じんせい》は
幸《しあわ》せを引《ひ》き寄《よ》せるメンタルの処方箋《しょほうせん》

2025年2月20日　初版発行

著者　過眠《かみん》ちゃん

発行者　山下直久

発行　株式会社KADOKAWA
〒102-8177　東京都千代田区富士見2-13-3
電話 0570-002-301(ナビダイヤル)

印刷所　大日本印刷株式会社

製本所　大日本印刷株式会社

●お問い合わせ
https://www.kadokawa.co.jp/(「お問い合わせ」へお進みください)
※内容によっては、お答えできない場合があります。
※サポートは日本国内のみとさせていただきます。
※Japanese text only

定価はカバーに表示してあります。

ISBN 978-4-04-606842-2　C0095